O PODER DO PIJAMA ROSA

DAS DÍVIDAS AO IMPÉRIO MULTIMILIONÁRIO NO MERCADO DA BELEZA

CARO(A) LEITOR(A),

Queremos saber sua opinião sobre nossos livros.
Após a leitura, siga-nos no **linkedin.com/company/editora-gente**,
no **TikTok @editoragente** e no **Instagram @editoragente**,
e visite-nos no site **www.editoragente.com.br**.
Cadastre-se e contribua com sugestões, críticas ou elogios.

NATALIA BEAUTY

O PODER DO PIJAMA ROSA

DAS DÍVIDAS AO **IMPÉRIO MULTIMILIONÁRIO** NO MERCADO DA BELEZA

Gente editora

Diretora
Rosely Boschini

Gerente Editorial Sênior
Rosângela de Araujo Pinheiro Barbosa

Editora
Carolina Forin

Assistente Editorial
Fernanda Costa

Produção Gráfica
Leandro Kulaif

Preparação
Algo Novo Editorial

Capa
Rafael Brum

Foto de capa
MIRO

Projeto Gráfico
Marcia Matos

Adaptação de Projeto Gráfico e Diagramação
Vivian Oliveira

Revisão
Wélida Muniz
Natália Mori

Impressão
Edições Loyola

Copyright © 2024 by Natalia Beauty
Todos os direitos desta edição
são reservados à Editora Gente.
Rua Natingui, 379 – Vila Madalena
São Paulo, SP – CEP 05443-000
Telefone: (11) 3670-2500
Site: www.editoragente.com.br
E-mail: gente@editoragente.com.br

Dados Internacionais de Catalogação na Publicação (CIP)
Angélica Ilacqua CRB-8/7057

Beauty, Natalia
 O poder do pijama rosa : das dívidas ao império multimilionário no mercado da beleza / Natalia Beauty. - São Paulo : Editora Gente, 2024.
 208 p.

 ISBN 978-65-5544-318-9

 1. Desenvolvimento profissional 2. Empreendedorismo 3. Beleza I. Título

24-1329   CDD 658.3

Índices para catálogo sistemático:
1. Desenvolvimento profissional

NOTA DA PUBLISHER

Ainda que o ramo da beleza e da estética esteja em constante evolução e expansão, empreender nele não é uma tarefa fácil. Para se destacar nesse mercado competitivo, é essencial ter criatividade, inovação e habilidades técnicas, assim como é crucial compreender tendências emergentes, oferecer experiências excepcionais a clientes e – por que não? – criar as próprias técnicas.

Todas essas características e muitas mais estão presentes em qualquer descrição de Natalia Martins, mais conhecida como Natalia Beauty, dona do conceituado grupo que orgulhosamente carrega o nome dela. Seu império nasceu da necessidade, em um momento de fragilidade pessoal e financeira, tendo se transformado em referência não só no mercado, mas também entre influenciadores de beleza e autocuidado.

Nesta estreia como autora, Natalia conta como se reergueu e criou o símbolo que a representa entre fãs, clientes e celebridades: o pijama cor-de-rosa. Porém esse não é o único feito dela, já que também desenvolveu uma técnica que revolucionou a área de design de sobrancelhas. Mesclando partes da própria história, ela ensina mulheres de todos os cantos do país a acreditar em si mesmas e buscar sonhos, por mais impossíveis que possam parecer.

Defendendo que um dos segredos de suas conquistas é acreditar nas pessoas e compartilhar histórias, Natalia mostra que, para quem tem foco e um objetivo de sucesso, nada é impossível. Por isso, permita-se sentir todas as emoções dessa grande empreendedora e ser tomado pela inspiração que ela entrega a cada página.

    Boa leitura!

ROSELY BOSCHINI
CEO e Publisher da Editora Gente

A coragem para enfrentar o abismo transforma o medo em PODER!
Dedico este livro a todas as pessoas que já foram desacreditadas ou já se sentiram assim, a todas as mulheres que duvidam do próprio potencial ou já foram duvidadas, e àquelas que desconhecem o superpoder que têm. Também dedico a todos os homens que ainda não têm consciência do poder das mulheres e querem entender como lidar com elas. Este livro é uma dança entre a minha alma, os sentimentos, os desafios, o fundo do poço e a superação. A cada página, você mergulha comigo nas emoções da minha vida. Que ele seja o farol que ilumina suas adversidades, despertando ideias inovadoras para a sua vida e o seu negócio. Lembre-se de que brilhar não é sobre si. Brilhar é iluminar os outros, é acender as chamas da coragem e da esperança no coração de quem aceitar embarcar na jornada destas páginas. Acima de tudo, divirta-se!

AGRADECIMENTOS

Ao escrever *O poder do pijama rosa*, entendi que cada palavra é um fio que tece a grande teia da vida, e que cada cor e cada nó representa as pessoas e as experiências que moldaram e moldam minha jornada todos os dias.

De coração aberto, agradeço ao meu marido, Felipe Pacheco, meu companheiro nessa jornada linda. Obrigada por me resgatar das minhas crenças no amor e abrir as infinitas possibilidades dele na minha vida. Obrigada por me inspirar a ser uma pessoa melhor todos os dias, me apoiar em todas as dificuldades e construir comigo a nossa história.

Agradeço à minha família por me proporcionar as raízes e as asas necessárias para explorar os céus da minha existência. Vocês foram o meu primeiro lar, o espaço onde aprendi superação, resiliência e força!

Aos meus amigos e colaboradores, meus companheiros de aventura, obrigada por estarem comigo nas risadas e nas lágrimas, por celebrarem cada vitória e por me apoiarem em cada dificuldade. Vocês são as estrelas que iluminam a nossa constelação!

Agradeço a todas as pessoas que já passaram pela minha vida e que me incentivam todos os dias. Até quem acha que me fez mal, na verdade, me fez bem! Agradeço à incrível comunidade que me rodeia: clientes, seguidores e parceiros. Vocês são a prova viva de que as ideias mais simples podem gerar as mudanças mais profundas.

E a você, que agora segura este livro nas suas mãos! Ao compartilhar a minha história, espero inspirá-lo a encontrar o próprio poder, a abraçar a sua essência e a pintar o mundo com as cores únicas da sua alma.

Por fim, mas não menos importante, agradeço ao Universo por conspirar a favor dos sonhos dos que ousam acreditar. Este livro é uma celebração dessa crença, desse poder que reside em cada um de nós.

Com amor e luz,
NATALIA BEAUTY

SUMÁRIO

Prefácio _____ 13
Introdução: Bem-vinda(o) ao meu mundo _____ 16

Capítulo 1: Um novo começo _____ 22
Capítulo 2: Vamos refazer a sua vida _____ 36
Capítulo 3: Nossa vida é transitória _____ 50
Capítulo 4: Meus sonhos transformam o mundo
ao meu redor _____ 62
Capítulo 5: Juntos somos mais fortes _____ 72
Capítulo 6: Histórias compartilhadas têm força
e transformam vidas _____ 84

Capítulo 7: O flow da vida é surpreendente _____ 98

Capítulo 8: Um chamado para cada mulher _____ 114

Capítulo 9: O preço de arriscar é a prosperidade _____ 126

Capítulo 10: Responsabilidade e respeito
ao próximo _____ 140

Capítulo 11: Ao vestir o pijama para trabalhar,
ganho superpoderes _____ 154

Capítulo 12: Deixar de ser devedora _____ 170

Capítulo 13: O mercado da beleza tem muita força
e espaço de crescimento _____ 186

Capítulo 14: A vida é uma aventura emocionante _____ 200

PREFÁCIO

"**S**er uma mulher invencível é abraçar a própria história com coragem e autenticidade." Logo nas primeiras palavras do livro, Natalia conseguiu prender a minha atenção.

Não podemos ser paralisados pelo medo de nossos erros. É necessário agir, e caso o erro aconteça temos que aprender com ele. Essas lições nos tornam pessoas e até empresas melhores.

Os tropeços e aprendizados de Natalia Beauty, contados de maneira didática e que nos prendem nesta obra, são excelentes para tirarmos deles lições de superação.

Natalia convida as pessoas a se reerguer, a superar os obstáculos, a aprender com os inevitáveis tombos sem se deixar abalar. Existe essa voz que nos guia dia após dia, que nos motiva a ver o nascer do sol e a trazer cada vez mais companhias para o nosso lado – porque, emprestando palavras da nossa autora, "a gente só cresce fazendo o outro crescer".

E ainda bem que essa voz existe e que muitas pessoas atendem ao seu chamado. É nessas situações que nascem negócios incríveis que transformam a vida de milhares de famílias.

Aqui, você terá a oportunidade de se inspirar com uma história de superação pessoal e profissional. Mantenha o papel e a caneta por perto, porque as lições contidas nestas páginas serão de grande valia. Vou já adiantar um desses aprendizados: "A verdadeira essência do empreendedorismo reside na interseção entre a responsabilidade e o respeito ao próximo, em que a coragem de arriscar brilha mesmo diante das incertezas".

Vista o seu pijama rosa, sinta o poder dele e faça uma boa leitura!

LUIZA HELENA TRAJANO
Presidente do Conselho de Administração do
Magazine Luiza e do Grupo Mulheres do Brasil

SER UMA MULHER INVENCÍVEL É ABRAÇAR A PRÓPRIA HISTÓRIA COM CORAGEM E AUTENTICIDADE, TRANSFORMANDO CADA DESAFIO EM UMA ESCADA PARA O SUCESSO E ILUMINANDO O CAMINHO NÃO SÓ PARA SI MESMA, MAS PARA TODAS AS MULHERES QUE TAMBÉM SONHAM EM BRILHAR.

@NATALIABEAUTY

INTRODUÇÃO
BEM-VINDA(O) AO MEU MUNDO

Muito prazer, querida leitora ou querido leitor, eu me chamo Natalia Martins, mas muitos me conhecem como Natalia Beauty. Para mim, é um imenso orgulho ser reconhecida desse modo, porque isso significa que as pessoas entraram em contato comigo por meio do meu trabalho, que é resultado de muita dedicação, algo que transformou a minha vida.

A profissão de designer de sobrancelha me modificou. Com ela, eu cheguei a um lugar que jamais poderia imaginar nem nos meus sonhos mais otimistas, se os tivesse naquela época. A bem da verdade, meus sonhos eram muito poucos, para não dizer inexistentes, antes de eu trabalhar no mercado da beleza. Até essa reviravolta, eu só sobrevivia, tentando encontrar uma saída para situações ruins que se sucediam sem parar.

Um momento de desesperança e incerteza que, sem aviso prévio ou planejamento, foi radicalmente modificado a partir do meu primeiro atendimento profissional a uma cliente, em São José do Rio Preto, no interior do estado de São Paulo. De lá para cá, a minha vida entrou em um ininterrupto flow de prosperidade, cura e possibilidade. Por isso, tenho tanto orgulho de ser reconhecida por minhas conquistas profissionais, por meu trabalho que, além de ter modificado a minha vida, todos os dias transforma a vida de centenas de pessoas, principalmente mulheres.

De certo modo, este livro é um tributo a essa jornada. E um dos meus objetivos com a escrita foi mostrar o quanto a nossa vulnerabilidade é uma força gigantesca de conexão. Ao expor quem realmente somos, ao falarmos sobre as nossas imperfeições, nos conectamos verdadeiramente com o outro e temos a chance de melhorar, crescer, evoluir. A ideia da perfeição pode até ser sedutora e nos atrair, mas é a imperfeição que realmente nos liga, nos conecta. Quando falamos sobre falhas e erros, permitimos ao outro que ele se exponha sem medo do julgamento ou da incompreensão.

Ao assumir os nossos erros, permitimos que o outro nos mostre quem ele é. Foi essa dinâmica que me permitiu ser quem eu sou – e sou muito grata por ter tido a coragem de praticá-la.

Foi só quando parei de me comparar com os outros, pessoal e profissionalmente, que comecei a construir a minha vida de maneira consistente. Esse foi um dos movimentos que me fez entender a importância de estarmos no flow, conectados à nossa originalidade, à nossa história, àquilo que nos faz únicos e especiais. Isso abriu espaço para moldar um dos conceitos fundamentais do meu trabalho: a beleza sem padrão. Ao chegar nesse conceito, eu exemplifiquei a importância de se diferenciar.

O ano de 2017 marcou o início da minha trajetória a partir da originalidade, a partir das características que me fazem singular. Essa época me pediu muita coragem e me fez assumir muitos riscos. Eu já tinha chegado no fundo do poço e não conseguia enxergar como a minha situação poderia piorar: estava separada do meu ex-marido, por um ato de infidelidade que cometi; tive de voltar a morar na casa dos meus pais, fracassada, envergonhada e derrotada; estava sozinha para criar uma filha que mal tinha completado um ano; não tinha emprego nem dinheiro. E para "ajudar", ainda estava com uma dívida de 90 mil reais, e havia um mandado de busca e apreensão. Eu já não sabia mais o que poderia perder ou dar errado. O que me restava era reagir. O único caminho possível era me reerguer.

**SE O MERCADO É UM OCEANO VERMELHO,
EU VOU PARA O OCEANO AZUL.**

A vantagem? Eu acreditava em mim mesma e sabia que tinha a capacidade de modificar aquela situação. Sou muito determinada, tenho obsessão por uma entrega de excelência e um compromisso inabalável com a qualidade do resultado da minha prestação de serviço. Foi o que fiz. Entrei em ação, trabalhei sem parar.

Nem sempre temos a oportunidade de dar a volta por cima. E, muitas vezes, quando essas janelas surgem, não prestamos atenção nelas. Ficamos nos vitimizando, lamentando... Mas não pode ser assim! É preciso agir e fazer a sua grande chance acontecer. Ninguém chegou para mim, pegou na minha mão e me disse: "Venha fazer um curso de design de sobrancelhas". Fui eu que, por necessidade, fui lá e fiz. É extremamente improdutivo passar pela vida com preguiça de se arriscar. Sim, dá muito trabalho ter sucesso, mas muita gente quer ser bem-sucedida sem nenhum compromisso com o esforço e o empenho necessários para as conquistas acontecerem.

**EU PERCEBO QUE ALGUMAS PESSOAS CULTIVAM
A DIFICULDADE. ESSE COMPORTAMENTO VOLTA CONTRA
VOCÊ, NÃO GERA NADA DE BOM. É PRECISO ENTRAR EM
AÇÃO E CRIAR AS SUAS CHANCES, OS SEUS CAMINHOS.**

No meu caso, eu precisei romper com um pensamento sem valor e nocivo para conseguir trilhar o meu caminho profissional. Ao longo dessa caminhada, errei muito. Precisei de tempo para fazer as correções necessárias e aproveitar de fato o que a vida estava me oferecendo.

Agora, eu convido você a conhecer um pouco mais sobre essa jornada nas páginas a seguir. Como sempre, tentei ser o mais transparente possível sobre as minhas inseguranças, sobre o relato dos fatos que me fizeram ser quem eu sou. Ao escrever sobre as minhas vivências, não pretendo ser um modelo único de ação. O meu jeito de fazer as coisas não é necessariamente o melhor para todo mundo, mas é uma maneira possível de se viver, que pode fazer uma grande diferença na vida de quem ousar seguir alguns dos meus passos.

BRILHAR NÃO TEM A VER COM VOCÊ, MAS COM ILUMINAR OS OUTROS. QUANDO EU ME DISPONHO A FAZER OS OUTROS BRILHAREM, MANTENHO O MEU BRILHO VIVO. E O MUNDO PRECISA DE MAIS PESSOAS DISPOSTAS A FAZER OS OUTROS BRILHAREM.

Hoje, o meu sonho acontece junto do sonho do outro, ambos na mesma intensidade. A gente precisa entender a dor do próximo para saber como ajudá-lo. Por isso, o Natalia Beauty Group tornou-se uma empresa que promove a superação. Somos uma marca inclusiva, com coragem de fazer a diferença ao trabalhar com empoderamento e transformação de vidas.

Eu gosto de mostrar às pessoas que o impossível não é uma condição definitiva. Ele pode, sim, ser realizado. E agora vamos ver isso de perto nas próximas páginas.

Obrigada por ter chegado até aqui para conhecer um pouco mais do meu mundo. Vamos juntos?

Boa leitura!

RESSURGIR DAS CINZAS NÃO É APENAS UM RECOMEÇO; É UMA DECLARAÇÃO PODEROSA DE FORÇA E RENOVAÇÃO, PROVANDO QUE CADA NOVO COMEÇO É UMA TELA EM BRANCO PARA PINTAR UMA HISTÓRIA AINDA MAIS VIBRANTE E RESILIENTE.

@NATALIABEAUTY

01.
UM NOVO COMEÇO

*Eu sou uma mulher muito grata, cheia de sonhos
e que abraça cada oportunidade.*

Era madrugada de 7 de março de 2022, uma segunda-feira, quando meu marido e eu embarcamos para Washington, nos Estados Unidos. Às 00h40, nosso avião taxiava na pista do Aeroporto Internacional de Guarulhos, em São Paulo, e estávamos prestes a decolar para uma travessia sobre a América Latina, Central e Norte, a qual levaria mais de treze horas para chegar à capital dos Estados Unidos.

Estávamos confortavelmente sentados na classe executiva do voo 84, da companhia aérea United Airlines. A previsão era de que chegaríamos ao aeroporto Washington Dulles International Airport no final da manhã. De lá, um transporte aguardaria para nos levar à 1155 14th Street NW, endereço do hotel Zena, um dos dez melhores hotéis da capital dos Estados Unidos, que fica localizado em um dos bairros mais vibrantes da cidade.

Naquela viagem, não estávamos embarcando a passeio, por mais que merecêssemos o descanso depois de tanto trabalho. Tampouco aquela seria a primeira vez que estaríamos em terras norte-americanas. Felipe (meu atual marido, meu grande amor e parceiro nos negócios que a vida me deu de presente depois que me enxerguei como merecedora – vocês vão saber mais sobre esse encontro de almas nos próximos capítulos) e eu gostamos muito dos Estados Unidos, e já tínhamos tido a oportunidade de conhecer o país em outras ocasiões – aquelas, sim, em férias.

A diferença e importância da viagem daquele 7 de março é que estávamos embarcando para receber um prêmio internacional no qual eu representaria todas as mulheres da América Latina em uma campanha internacional chamada "Wear Your Crown". Aquela seria uma viagem transformadora em que nos reuniríamos com representantes do mundo todo que acreditam no nosso potencial de trabalho, conheceríamos de perto as obras de cada "queen" que representava seu país e teríamos contato com diversos jornalistas que cobririam o evento. Teríamos ainda uma reunião com a assessoria de imprensa, que cuidaria da divulgação oficial do evento e faria a adaptação do material de divulgação usado no Brasil para o contexto dos EUA.

Felipe e eu estávamos muito felizes com o que estava acontecendo, apesar de cansados pelas intensas atividades. Mesmo com a grande demanda com a qual tínhamos de lidar, estávamos otimistas e querendo mais.

Particularmente, eu tinha uma sensação de prosperidade muito viva, mas não sou uma mulher de comemorar excessivamente as minhas vitórias. Talvez nem as celebre como deveria. Eu reconheço as minhas conquistas, sim, mas tenho certa dificuldade para dimensionar a importância de todas elas. É mais natural identificar a responsabilidade que as minhas ações trazem para mim e para quem está envolvido comigo. Eu me cobro muito, portanto, sou exigente com o que me cerca. Sempre ofereço o meu melhor nos projetos dos quais participo e vejo essa ambição em quem trabalha ao meu lado. A gente precisa fazer o melhor possível para que o resultado das atividades supere as expectativas.

E naquela viagem, naquele momento com tantas novidades por vir, a minha expectativa era muito grande.

REPRESENTAR AS MULHERES DA AMÉRICA LATINA E GANHAR UM PRÊMIO FORA DO BRASIL ERA UMA SITUAÇÃO INÉDITA PARA MIM, E EU QUERIA QUE TUDO SAÍSSE DA MELHOR MANEIRA POSSÍVEL.

Eu sempre sonhei alto e acreditei que realizaria o meu objetivo de expansão internacional de uma maneira ou de outra. Então, ser reconhecida nos EUA como uma mulher de sucesso nos negócios e ser convidada a participar de uma campanha global de empoderamento feminino poderia ser o primeiro passo para a realização desse objetivo em terras americanas. Assim, me sentei no avião determinada a fazer daquela participação um dos eventos mais especiais do ano na área do empreendedorismo feminino em Washington, e estava muito atenta aos detalhes. Não importava o que custasse, eu queria levar para as mulheres americanas e latino-americanas toda a representatividade, criatividade e originalidade de nosso trabalho, todo o nosso diferencial tanto em gestão quanto em procedimentos. Aqui no Brasil, quem nos procura acessa um mundo de respeito, delicadeza e cuidado com a saúde. Essa maneira de ver o meu trabalho está presente desde os meus primeiros atendimentos. Sempre entendi que a cliente merece o meu melhor; ela merece toda a minha atenção, cuidado e respeito.

Muito cedo compreendi que o meu trabalho poderia fazer a diferença na vida dos outros. Por meio das minhas intervenções estéticas, as pessoas passariam a ter orgulho da imagem refletida no espelho. Eu respeito todos os tipos de beleza e faço, constantemente, as pessoas perceberem que cada um é belo por sua originalidade, por ser quem é, como se é.

Esse mindset está nas minhas atividades profissionais e, para deixá-lo mais evidente, as clínicas foram projetadas como um local de acolhimento. Elas são cor-de-rosa, totalmente decoradas com tons variados da mesma cor, como em um mundo feminino e encantado. Essa decoração lúdica é também um jeito de convidar as pessoas a deixarem de lado a pressa do cotidiano e a abrirem espaço para cuidar de si de maneira tranquila, com calma e atenção para as próprias necessidades. Voei naquele dia decidida a mostrar meu universo mágico de sonho existente para a comunidade norte-americana.

Quando cheguei ao evento, no próprio hotel Zena, conhecido por levar cultura e conhecimento para o público, e eu vi um quadro enorme com a minha imagem, pintado à mão, todo rosa, decorando um dos ambientes do hotel, caiu a ficha, chorei de emoção e falei para mim mesma: *Natalia, você está participando da "Wear Your Crown", uma campanha global, em Washington, onde fica a Casa Branca, e foi escolhida como representante das mulheres da América Latina. Você conseguiu atravessar fronteiras com a sua mensagem, com a sua história, com o seu trabalho.*

Confesso que foi uma das experiências mais transformadoras e significativas da minha vida. O sentimento de estar ali, compartilhando meu percurso, minha essência e minha missão de empoderamento feminino foi algo que transcendeu todas as minhas expectativas. A oportunidade não só reafirmou a importância da luta pela valorização e reconhecimento da força das mulheres latino-americanas, mas também ampliou minha visão sobre o impacto global que podemos criar ao unir nossas vozes. Foi um momento de imenso orgulho, não apenas pessoal, mas coletivo, ao ver a diversidade e a riqueza da nossa cultura sendo celebrada em uma campanha tão grandiosa. Esse evento marcou um ponto de virada não só na minha jornada, mas no modo como percebo a responsabilidade e o potencial que temos em mãos para inspirar, motivar e liderar pelo exemplo, mostrando ao mundo a coragem, a beleza e a força indomável das mulheres da nossa região. A campanha "Wear Your Crown" não se limitou a uma coroa visível, mas me ajudou a reconhecer e honrar a coroa invisível que cada uma de nós carrega: nossa história, nossa luta e nosso poder inato de transformação.

Naquele momento, foi impossível não fazer uma retrospectiva da minha história. Foi muito intenso me perceber nesse lugar tão único, de tantas conquistas, depois de apenas cinco anos de existência da Natalia Beauty. Oficialmente, a empresa surgiu em 17 de abril de 2017. Essa é a data em saiu o CNPJ e, a partir de então, o meu negócio pôde funcionar em acordo com a legislação empresarial.

O começo foi de muito trabalho, e não tinha como ser diferente. Eu trabalhava sozinha e me transformava em dez pessoas para fazer os atendimentos e dar conta de resolver toda a parte burocrática. Eu tinha a "Camila", que era a secretária da Natalia; a "Sabrina", a assistente administrativa; a "Jéssica", a faxineira. Todas elas eram eu. Eu me passava por Camila para fazer o agendamento das clientes; por Sabrina quando precisava resolver alguma burocracia; e por Jéssica para dizer que a limpeza seria feita. Enfim, eu precisava passar a impressão de que, mesmo sendo uma empresa recém-aberta, já havia me estabelecido no mercado com alguma estrutura.

Todos os dias eu começava a trabalhar às 8h00 e só parava de atender, exausta, depois das 21h30. Era muito comum chegar até às 22h00 em um ritmo frenético de atividades. Cotidianamente, eram mais de doze horas de trabalho em uma pequena sala de dois ambientes na alameda Lorena, no bairro dos Jardins, região nobre da cidade de São Paulo, o primeiro endereço comercial da Natalia Beauty na capital paulista.

Hoje, vejo certa graça nas histórias vividas naquela época e reconheço ingenuidade em minhas atitudes. Sobretudo, tenho muito orgulho de ter feito tudo o que fiz, porque aprendi demais com a experiência, amadureci bem rápido. Entendi o valor de cada atividade do negócio, da importância de uma equipe e do trabalho em conjunto. Por mais comum que seja afirmar que ninguém faz nada sozinho, eu comprovei diariamente a verdade dessa afirmação.

A IMPORTÂNCIA DE PARCERIAS

Essa estrutura da Natalia faz-tudo durou três meses. Noventa dias foram suficientes para ter condições de contratar alguém para trabalhar comigo. Foi nesse momento que a Stephania se juntou à empresa e colocou um ponto-final à fase da Natalia de múltiplas personalidades.

Stephania foi a minha primeira *colablover* (expressão que uso para se referir aos meus colaboradores). Foi a minha primeira Master, uma das maneiras pelas quais chamo as minhas artistas, as profissionais que fazem as sobrancelhas. Hoje, ela não trabalha mais na empresa, mas eu tenho uma gratidão imensa a Stephania por ela ter feito parte da minha vida em um momento tão importante para o crescimento do negócio.

Naquela época, por dia, sozinha, eu conseguia atender em torno de dezessete clientes. Apesar da correria, eu dava conta. Tinha montado um esquema eficiente de atendimento. Enquanto estava trabalhando as sobrancelhas de uma cliente, mantinha a próxima pessoa a ser atendida na recepção, preenchendo fichas cadastrais. Em média, eu levava de quarenta a sessenta minutos por atendimento – é a complexidade do trabalho que determina o tempo do tratamento.

No intervalo entre cada pessoa, eu checava as mensagens na secretária eletrônica e no celular e fazia os devidos retornos. Mantive essa dinâmica pelos três meses iniciais do funcionamento da clínica até que, em um belo dia, em um almoço de domingo na casa dos meus pais, tive a ideia de chamar Stephania para trabalhar comigo. Ela era minha cunhada e minha amiga. Até então, ela trabalhava no restaurante do meu pai, no centro da cidade de São Paulo. Como sabia quanto ela ganhava, fiz uma oferta salarial que superava os seus rendimentos mensais para garantir o "sim" à proposta. Ela topou na hora, e ali mesmo começamos uma parceria muito bacana.

No começo, ela cuidava dos agendamentos e da recepção, se encarregava das respostas aos e-mails e demais atividades administrativas da clínica. Paralelamente, durante quatro meses, eu a capacitei para desenhar as sobrancelhas. Isso foi muito bom para nós duas. Além do salário fixo no final do mês, pela parte administrativa que realizava, Stephania passou a fazer um extra substancial com os atendimentos das sobrancelhas.

Essa foi uma fase muito boa de parceria, até que veio a primeira grande virada da Natalia Beauty: a proposta de um trabalho no exterior que acelerou o cenário de crescimento da empresa.

OS MEUS ANJOS DA GUARDA

Em agosto de 2017, após alguns meses de funcionamento da clínica, fui convidada para fazer um atendimento em Dubai, nos Emirados Árabes Unidos. Ao recordar essa história, eu consigo enxergar nitidamente um dos momentos em que a sorte bateu à minha porta. E melhor ainda: ao ouvir essas batidas, eu estava pronta para aproveitar cada chance.

Tudo começou quando uma cliente estrangeira precisou ser atendida às 23h30, um horário nada habitual. Como não tenho medo de trabalhar e sou bastante produtiva ao longo do meu expediente, prontamente falei para Stephania confirmar o agendamento. No dia e horário combinados, a cliente chegou à clínica. Eu nem imaginava que ela entraria na minha vida para modificá-la para sempre; e para muito melhor. É como se ela fosse um anjo da guarda colocado por Deus em meu caminho.

Gosto de pensar que tenho uma relação de muita proximidade com Deus. Ele nunca me abandona e, quando estou distraída, vivendo a minha vida, Ele coloca em meu caminho anjos da guarda para me protegerem, para me lembrarem de não desistir, para me reerguerem.

A cliente estrangeira veio para o atendimento, e eu a recebi como sempre faço: oferecendo o meu melhor, apesar do cansaço. Fomos juntas até 00h30, e tivemos uma conversa bastante agradável, até porque ela falava um bom *portunhol*. Ao final do tratamento, ela agradeceu o atendimento, me pagou, trocamos números de telefone e, antes de nos despedirmos, ela me falou: "Um dia, ainda te levo para Dubai". Eu sorri, agradeci e disse que aquela viagem seria a realização de um sonho, uma oportunidade única para conhecer uma cidade tão fantástica como Dubai e ainda ter a chance de mostrar o meu trabalho. Seria perfeito!

Finalizei o dia de trabalho e me recolhi para a jornada da manhã seguinte. Eu não consegui dimensionar o quanto aquela cliente havia ficado satisfeita com o atendimento. Ela não se mostrou muito efusiva quando nos despedimos, porém *realmente* havia gostado do serviço e, no momento em que precisou fazer um retoque no trabalho realizado, não duvidou em cumprir a sua promessa. Ela já havia voltado para Dubai, cidade onde mora e trabalha até hoje. Os 12.219 quilômetros de distância que nos separavam não foram obstáculo. Ela me ligou e disse: "Você vem para cá. Vou emitir uma passagem de ida e volta de São Paulo a Dubai para você e para sua assistente". E acrescentou: "Aliás, estou organizando uma lista de amigas para você atender durante os quinze dias que vocês ficarão comigo".

Ela é uma profissional muito bem-sucedida e tem conexões profissionais com a família real dos Emirados. Para ela, foi simples organizar aquela viagem e encontrar outras pessoas interessadas pelo meu trabalho com o desenho de sobrancelhas. Tudo, a passagem, a alimentação, os traslados e a hospedagem, foram pagos pela minha cliente. E assim fomos, Stephania e eu, para uma maravilhosa aventura!

O resultado prático, além de toda a experiência mágica de vida que pude ter, foi receber o equivalente, hoje, a 200 mil reais pelos quinze dias de trabalho. Esse dinheiro foi absolutamente fundamental para mim, que tinha uma dívida de mais de 90 mil reais pairando sobre a cabeça como uma guilhotina. Eu tive a chance de me reorganizar financeiramente e ampliar a clínica. E, como sempre, aproveitei a oportunidade... Mas não do jeito que você deve estar imaginando.

DEUS ESTÁ SEMPRE NO MEU CAMINHO

Eu voltei de Dubai determinada a crescer, a usar o dinheiro recebido para investir na clínica. Só que havia um porém significativo: eu tinha a enorme dívida, e precisava pagá-la. Eu precisava limpar o meu nome para, posteriormente, obter crédito para investir no negócio. Entretanto, em vez de pagar logo o que devia, optei por alugar um espaço maior para ampliar a clínica. Meu pensamento era bem simples: com mais espaço, eu conseguiria atender mais clientes e, consequentemente, geraria mais dinheiro. Estrategicamente, eu julguei que seria mais acertado tomar aquela decisão. Eu tinha certeza de que, com o dinheiro dos atendimentos, eu conseguiria quitar o valor devido mais rapidamente.

Lá fui eu, então, atrás de um ponto comercial interessante na cidade de São Paulo. Acabei achando o local ideal, próximo ao endereço em que já estava localizada na alameda Lorena. Meu novo destino seria o número 1.481 da avenida Rebouças, onde, até o momento em que escrevo este livro, em 2023, nossa sede está localizada.

Eu consegui alugar a casa em setembro de 2017 e, mais uma vez, tenho a certeza de que houve a interferência de Deus para que eu conseguisse fechar o negócio.

De imediato, o proprietário do imóvel foi resistente ao meu nome como inquilina. Ao consultar minhas informações financeiras, ele se deparou com a dívida e, prudentemente, suspeitou se eu teria

GOSTO DE PENSAR QUE TENHO UMA RELAÇÃO DE MUITA PROXIMIDADE COM DEUS. ELE NUNCA ME ABANDONA E, QUANDO ESTOU DISTRAÍDA, VIVENDO A MINHA VIDA, ELE COLOCA EM MEU CAMINHO ANJOS DA GUARDA PARA ME PROTEGEREM, PARA ME LEMBRAREM DE NÃO DESISTIR, PARA ME REERGUEREM.

@NATALIABEAUTY

condições de honrar com o aluguel. Ele me rejeitou. Mas, por um sopro de sorte, quando estava jantando com a esposa e as filhas, ele comentou sobre mim. Disse que uma tal de Natalia Beauty queria alugar a casa da Rebouças, mas que ele havia declinado a proposta devido ao meu histórico de débitos.

Ao ouvir a história, uma de suas filhas o contestou. Disse que havia escutado muitas coisas boas sobre o meu trabalho, que várias de suas amigas haviam feito sobrancelhas comigo e que eu era alguém em que valia a pena apostar. A filha do inquilino disse que eu era uma excelente profissional, reconhecida e admirada no setor da estética e beleza. Diante desses argumentos, ele reconsiderou a decisão e decidiu alugar o imóvel, desde que, em contrapartida, eu pagasse adiantado seis meses do aluguel, como uma espécie de calção.

Eu tinha em mãos a quantia pedida por ele para fazer a transação, mas o valor cobrado consumiria mais de 70% do dinheiro que havia levantado em Dubai. Mesmo não conseguindo pagar a dívida, diante da oportunidade e do modo como ela se apresentou, eu não hesitei. Fechei negócio com ele e aluguei a casa, imóvel este em que permanecemos até hoje, reformando e ampliando desde então.

Mais uma vez, momentos na minha história indicam a existência de anjos da guarda no caminho. Antes de alugar a casa, eu desconhecia a filha do proprietário do imóvel. Não sabia sequer que ela me conhecia, e foi essa pessoa, a quem sou muito grata, que interferiu decisivamente para o meu negócio. A sua fala possibilitou que eu instalasse a Natalia Beauty em um ponto privilegiado da capital paulista, e foi a partir desse local que dinamizei meu negócio e o expandi. Ah, e o melhor: logo depois de estar devidamente instalada, realizando os meus atendimentos, paguei rapidamente os 90 mil reais da dívida inicial.

DE VOLTA AO AVIÃO...

Ao me preparar para decolar para Washington, na madrugada de 7 de março de 2022, eu me peguei pensando e me lembrando desses acontecimentos com a certeza de que estava vivendo um novo começo, o momento de mais uma virada na minha história, uma oportunidade de visibilidade, credibilidade, crescimento e expansão.

Só que, dessa vez, com muita proteção, conforto e tendo a possibilidade de compartilhar essa experiência com o Felipe, que se tornou, ao longo do nosso relacionamento, um parceiro fundamental para os meus negócios. Gosto sempre de frisar algo importante para mim, como mulher, que eu construí meu império sozinha, sem ajuda e sem parceiro, o Felipe surgiu após quatro anos de empresa, e, claro, acelerou muito o negócio, mas, me sinto mais confiante ao lembrar disso. Também gosto de destacar para dar essa força para milhares de mulheres que duvidam da sua capacidade de iniciar algo sozinhas, saibam que eu já fui essa mulher. Essa é uma experiência absolutamente diferente da que vivi quando voltei de São José do Rio Preto, trazida pelo meu pai, depois do final conturbado de um relacionamento, um dos momentos mais complexos da minha vida. O fundo do poço. Porém, por mais contraditório que pareça, essa relação foi determinante para eu ter aprendido o ofício de desenhar sobrancelhas...

RECONSTRUIR A PRÓPRIA VIDA É UM ATO DE CORAGEM REVOLUCIONÁRIO, UM PROCESSO EM QUE RESSIGNIFICAMOS SENTIMENTOS, ABANDONAMOS A FIDELIDADE AOS ERROS E ÀS MENTIRAS, E NOS COMPROMETEMOS COM UMA VERDADE MAIS PROFUNDA: A DE QUE CADA NOVO AMANHECER É UMA OPORTUNIDADE PARA NOS REINVENTARMOS, TECENDO COM FIOS DE ESPERANÇA E AUTENTICIDADE O MAGNÍFICO PANO DE FUNDO DA NOSSA EXISTÊNCIA.

@NATALIABEAUTY

02.
VAMOS REFAZER A SUA VIDA

Eu não tenho compromisso com o erro nem com a mentira.

A frase que inicia este capítulo é muito significativa para mim. Levei alguns anos para conseguir dizê-la com toda a minha consciência e força. Foram muitos aprendizados, erros e dores até que eu entendesse que esse é um dos meus principais valores, além de ser um ensinamento que quero passar às minhas filhas. Eu não quero que elas tenham nenhum compromisso com o erro ou com a mentira. Quem está, de algum jeito, conectado a essas situações está paralisado na vida e tem graves problemas, porque essa é uma condição limitante. Afinal, só tem compromisso com o erro quem não quer mudar, quem tem medo de enfrentar o cotidiano, quem está preso diante das dificuldades. A minha ação na vida é oposta a essa condição.

Sempre fui uma mulher corajosa e ousada. Ao me deparar com os problemas, busquei caminhos para modificar a situação.

Eu já estive absolutamente destruída, no chão, vivendo momentos de muita desesperança e desespero. Acredite em mim: esses adjetivos não são força de expressão, uma maneira dramática de chamar a atenção. Eu só entendi a extensão negativa de certas situações quando me desapeguei de ter relação com a mentira.

Vejo como é importante relatar essas situações aqui, neste livro, porque sinto que o verdadeiro empoderamento que tanto buscamos, principalmente as mulheres, também vem da possibilidade de se expressar

SEMPRE FUI UMA MULHER CORAJOSA E OUSADA. AO ME DEPARAR COM OS PROBLEMAS, BUSQUEI CAMINHOS PARA MODIFICAR A SITUAÇÃO.

@NATALIABEAUTY

sem atalhos, observando as atitudes tomadas e encarando de cabeça erguida as consequências. Infelizmente, eu aprendi essa lição de uma maneira muito dura.

Era dezembro de 2016 quando fiz uma das viagens mais humilhantes da minha vida; saí de São José de Rio Preto, interior do estado de São Paulo, e voltei para a casa dos meus pais. O meu pai, um dos meus irmãos e um dos meus sobrinhos foram me buscar em uma caminhonete. De São José, eu trouxe na caçamba poucas malas com as minhas roupas, a minha filha Julia no colo, e muita vergonha por todo lado. Eu me sentia culpada e havia graves motivos para esse sentimento existir.

Foi uma viagem aterrorizante e de muito silêncio. Meu pai não conversou comigo em nenhum momento do trajeto de mais de cinco horas de São José até Santana do Parnaíba, uma das cidades da Grande São Paulo, onde os meus pais viviam então. Eu entendo meu pai, e seu desapontamento comigo. Ele veio em silêncio, e eu vim chorando por vários motivos, um deles, ter decepcionado minha família. Contudo, aquela viagem não teve início naquele dia fatídico. Ela começou a ser "programada" alguns meses antes, quando fui infiel ao meu ex-marido e o traí com outro homem.

A CAMINHADA DA VERGONHA

Entendo que para muitas pessoas, principalmente para as mulheres, falar sobre traição é proibido, um tabu, algo extremamente inadequado. Sobretudo por esse ser um assunto de foro íntimo, que não diz respeito a ninguém. Afinal, ser adúltera é uma situação completamente reprovável, inadmissível. Eu também concordo com esse pensamento. Uma relação amorosa entre duas pessoas, se consensual, só diz respeito a quem estiver envolvido nela. Não cabe a quem quer que seja emitir uma opinião sobre a situação, julgar a atitude de uma das partes como correta ou errada. Porém, faço questão de falar sobre esse assunto porque, de certo modo, foi a partir da minha traição que me transformei na mulher que sou hoje, muito mais independente, uma pessoa melhor, mais compreensiva e compassiva comigo e com os outros.

Eu cometi um erro com o meu ex-marido ao traí-lo, e esse erro não diz respeito a uma convenção social. O erro aconteceu porque, ao perceber que o meu amor e desejo por ele não existiam mais, eu deveria tê-lo procurado para colocar um fim no nosso casamento. Deveria ter agido de maneira adulta e honesta. Mas não tomei essa atitude, não tive a devida coragem para fazer aquele movimento e, diante dos meus temores e incertezas, abri espaço para que outra pessoa entrasse em nossa relação – mesmo que essa "invasão" só tenha acontecido uma única vez, como um ato que, percebo hoje, foi de muita solidão e uma tentativa de me sabotar. Procurei uma maneira cruel para sair de um arranjo matrimonial que já não fazia bem para mim nem para ele.

Infelizmente, ainda vivemos em uma sociedade machista e, quando a minha infidelidade foi descoberta, fui execrada. Fui tratada com desprezo e raiva. Tratamento que não foi dirigido a mim apenas pelo meu ex-companheiro. Meu pai, por exemplo, envergonhado da atitude da filha, não conseguiu por um bom tempo me dirigir nem uma palavra de apoio. Em contrapartida, meu ex-marido teve toda a solidariedade e compreensão do meu próprio pai.

Vejo uma fina ironia nessa situação. Afinal, o meu pai foi um dos motivos pelos quais eu me casei ainda muito jovem, com vinte e poucos anos. Eu queria me libertar da proteção excessiva dele, apesar de amá-lo incondicionalmente, e meu ex-marido concordava com aquele distanciamento. Eu queria me livrar do sistema autoritário imposto por ele na casa em que fui criada. Ele tem uma personalidade controladora e, ao longo da minha infância e juventude, eu me sentia sufocada. Então, quando conheci o meu primeiro marido, vivi intensamente a relação.

Eu entendo perfeitamente que meus pais gostariam apenas de me proteger, mas entendo isso hoje, pois sequer pensava nisso naquela época.

Nos conhecemos em novembro de 2012, e sete meses depois, em junho de 2013, estávamos casados. Quatro meses depois, engravidei de Julia e, em maio de 2014, ela nasceu. Tudo aconteceu muito rápido. Éramos jovens e inexperientes, o que também influenciou nossa decisão de nos mudarmos para São José do Rio Preto.

DE FIO A FIO

Julia tinha um aninho de vida quando todas as nossas contas em São Paulo ficaram muito caras. Precisávamos baixar os nossos custos e, como a família dele é do interior, decidimos tentar a vida por lá. Naquela época, eu ainda trabalhava no restaurante do meu pai, e meu ex-marido trabalhava com engenharia civil. A família dele tinha negócios próprios, e quando souberam de nossa intenção de nos mudarmos para perto deles, nos fizeram uma excelente proposta. Eles abririam uma clínica de estética na cidade e nós ficaríamos responsáveis por tocar o negócio. Aquela ideia pareceu perfeita. Chegaríamos à cidade e teríamos uma possibilidade financeira para nos manter. Acreditamos muito naquele projeto e nos mudamos. Porém, gosto de frisar que, mesmo sendo da família deles, eu não tinha participação alguma. Recebia apenas meu salário como recepcionista.

Fui muito bem recebida pela família de meu ex-marido. Eles são bem estruturados emocional e financeiramente, mas aquela situação me deu certa insegurança, porque a realidade familiar deles era muito diferente da minha. A minha família era diferente, mas isso não quer dizer que era pior, apenas com maneiras diferentes de expressar afeto (hoje, com a maturidade que tenho, entendo) e, portanto, eu não estava acostumada a receber tanto carinho e atenção. Por isso, me relacionava com certa desconfiança, achando que estavam constantemente me testando e mentindo para mim. Aos poucos, aquela fantasia transformou-se em um sentimento de perseguição. Aqui vale uma reflexão: quantas vezes desconfiamos das pessoas por causa de insegurança própria?

Na casa dos meus pais, sempre existiu um ambiente de dúvidas. Ao me deparar com uma situação em que as pessoas falavam a verdade, desconfiei. Não quero ser dura com minha família, muito menos injusta, mas nesse momento percebi que havia criações diferentes, e talvez por estar iludida, eu achasse isso. Achei que aquilo não podia existir, mas eles eram de verdade. A minha situação de desconfiança também se agravou porque, da noite para o dia, me vi financeiramente dependente do meu marido e da família dele, algo que me incomodou demais.

Desde muito jovem, sou habituada a trabalhar. Por meu pai ser um homem do comércio, ele sempre levou os filhos (somos em cinco, três meninas e dois meninos) para trabalhar junto. Então, ao finalizar o Ensino Médio, não me preocupei em seguir para uma faculdade. Já trabalhava no restaurante do meu pai no centro da cidade de São Paulo e por lá fiquei, apesar de não gostar.

Eu fazia de tudo: da recepção dos clientes à checagem do estoque de alimentos. Nas madrugadas, ia ao CEASA comprar frutas, peixes, flores, legumes... tudo o que o restaurante precisava para funcionar. Eram longas horas de trabalho, da madrugada até às 19h00. Ainda por cima, tinha de conviver com a personalidade controladora do meu pai, que até os meus 21 anos me repreendia se desgostasse de algo que eu tivesse feito.

A minha insatisfação tornou-se crescente e incontrolada. Mas apesar dos pesares, eu ganhava o meu dinheiro. Era pouco, mas era meu e eu não dependia de ninguém. Quando me vi totalmente dependente do meu marido e da sua família, comecei a me sentir presa, sufocada,

QUANDO ENCONTREI ALGO QUE ME COMPLETAVA, PERCEBI QUE PODIA PROSPERAR E RECONQUISTAR A MINHA INDEPENDÊNCIA FINANCEIRA.

@NATALIABEAUTY

com urgência. Como assim eu não tinha dinheiro sequer para comprar minha roupa íntima? Tudo, absolutamente tudo, que eu precisava gastar ou comprar, precisava pedir a ele. Assim foi até eu me firmar na clínica de estética como gerente.

Como sempre trabalhei no comércio, sabia gerenciar um negócio. Estava acostumada a me relacionar com os colaboradores, negociar com fornecedores, comprar matéria-prima. Na clínica de estética, comecei a ter contato com procedimentos estéticos pela primeira vez. O potencial de São José do Rio Preto era bem grande nessa área. O poder aquisitivo da cidade é alto, há uma grande procura por procedimentos estéticos, e nós oferecíamos diversos serviços, entre eles micropigmentação para as sobrancelhas. Contratamos uma profissional para executar o procedimento, e ali tive o meu primeiro contato com essa atividade profissional.

Inauguramos a clínica em abril de 2015, e durante cinco meses daquele ano, me dediquei à parte administrativa do empreendimento. Até que chegou setembro e, diante dos pedidos das clientes, entendemos a necessidade de oferecer o trabalho de desenho de sobrancelha fio a fio. Até então, só ofertávamos a micropigmentação da sobrancelha, como uma tatuagem permanente. A nossa profissional só tinha domínio dessa técnica. Por isso, resolvemos capacitá-la para ampliar o seu repertório. Decidimos, então, que ela faria um curso para aprender a técnica de trabalhar com a sobrancelha fio a fio. Encontramos um excelente local para ela estudar, pagamos o curso e combinamos que ela ficaria conosco por pelo menos mais um ano para repor o investimento. Em novembro, porém, ela pediu demissão e abriu uma sala ao lado da nossa clínica.

O trabalho de sobrancelha precisa de retoque, e esse procedimento não precisa ser feito com a mesma profissional que o fez inicialmente. Por isso, as clientes nos procuravam em busca desse serviço. A demanda só crescia e não tínhamos uma profissional adequada para o atendimento. Ao me ver diante dessa situação, decidi fazer o curso de fio a fio. As clientes estavam reclamando da falta de retoque e exigindo de volta o dinheiro que haviam pago. A Natalia Beauty começou a surgir naquele momento, mesmo que eu não tivesse a menor ideia ou intensão de me transformar na profissional que sou hoje. Aliás, não estava sequer pensando em longo prazo. Não tinha um plano montado. Fui levada a fazer essa atividade para suprir uma necessidade pontual.

A minha ideia era estabelecer autonomia para a clínica. Se eu me capacitasse, não dependeríamos de mais ninguém para esse serviço. A minha decisão era emergencial, porque as clientes que nos procuravam estavam extremamente insatisfeitas com o atendimento oferecido na cidade, e até no nosso negócio. Em locais menores, se as pessoas começam a reclamar da prestação de serviço, já era. Ou o fornecedor se adequa à demanda para acabar com as críticas, ou o negócio vai fechar as portas rapidinho, porque notícia ruim não demora a se alastrar.

Como as clientes que nos frequentavam começaram a reclamar pelas redes sociais do trabalho feito em suas sobrancelhas, precisei agir diante do iminente desastre. Eu me matriculei no curso e fui atrás de aprender a melhor técnica que pudesse para usá-la na clínica.

Qual não foi a minha surpresa quando me vi completamente apaixonada pelo que estava aprendendo? Quanto mais descobria sobre as possibilidades da técnica, mais me interessava e queria me aprofundar nos estudos. Eu tinha muito ânimo para fazer as aulas, queria começar logo a ter as minhas clientes. Praticava o que aprendia o tempo todo no papel, desenhando de maneira compulsiva. Até hoje tenho esse hábito.

EU ME ACALMO FAZENDO TÉCNICAS DE DESENHAR SOBRANCELHAS. ESSA PRÁTICA FUNCIONA PARA MIM COMO UMA TERAPIA MANUAL.

Quando encontrei algo que me completava, percebi que podia prosperar e reconquistar a minha independência financeira. A partir daquela formação, teria a chance de me tornar uma especialista. Aquele conhecimento seria meu, e eu poderia aplicá-lo onde bem quisesse. Não estaria mais presa a um local de trabalho.

Claro que naquele começo, como era de se esperar, errei bastante. O resultado de alguns dos meus primeiros trabalhos ficava muito aquém da minha expectativa. Mesmo assim, não esmoreci. Insisti, tentei, aprendi e me aprimorei. Acredito que grande parte das pessoas desistem aqui. Entenda, existe uma diferença entre aprender e desenvolver. Eu aprendi, mas o processo de desenvolver é que definiria o meu futuro. Quantas coisas você já desistiu de fazer por não suportar o processo de desenvolvimento? Tenho facilidade de aprendizagem e, como sou persistente, não desisto nos primeiros tropeços. Eu sabia que estava diante de um processo técnico que levaria tempo para ser aprimorado. Tudo parecia caminhar conforme o plano.

A TRAIÇÃO, O COMEÇO DE TUDO

Em janeiro de 2016, comecei os meus atendimentos na clínica. Como a técnica de fio a fio ainda era restrita naquela época, o meu trabalho era visto como algo novo, e a procura cresceu. Em poucas semanas, minha agenda lotou, e o retorno do trabalho foi bastante positivo. As clientes me avaliavam como a melhor da cidade quando me comparavam à pequena concorrência existente. Esse reconhecimento foi positivo para os negócios e, diante da perspectiva real de aumento da clientela, decidi chamar uma amiga para trabalhar conosco na clínica. Ela seria responsável por cuidar da parte administrativa, porque eu já não estava dando conta de gerenciar os negócios e fazer o design das sobrancelhas.

À época, o meu marido e a minha sogra foram contra aquela contratação. Eles não gostavam muito da minha colega. O sentimento deles era de pura intuição, mas, de certo modo, estava correto. Eles viram algo que eu fui incapaz de perceber: ela tinha inveja da minha vida. Não acredito em inveja, acredito na ingenuidade de se comparar a vida dos outros. Não acredito que aquele sentimento existisse por maldade, mas, sim, pela desestrutura da vida dela. Essa mulher tinha um casamento infeliz, era dependente do marido e estava sem nenhuma perspectiva de mudança.

Talvez o incômodo dela tenha sido tanto que não suportou ver o meu crescimento de tão perto. Foi essa pessoa que contou para o meu ex-marido sobre a minha traição. Ela era a minha melhor amiga, e eu havia compartilhado com ela toda a minha infidelidade e angústia.

Quando tudo aconteceu, eu tive raiva pela atitude dela. Com o passar do tempo, porém, deixei de ter rancor ou de esboçar qualquer sentimento negativo. Hoje, até sinto gratidão por sua ação. Talvez, inconscientemente, eu quisesse que ela fosse a mensageira da história. Sozinha, eu não teria coragem para contar a ele. Ela, por sua vez, tinha muito pouco a perder. Assim, quando ela o procurou para relatar o que descobrira, a história explodiu como uma bomba. Já encontrei com ela após tudo isso, sendo quem sou hoje. Nos demos um abraço apertado, e eu não contive minhas lágrimas. Ficamos anos sem nos ver, mas, preciso confessar, tenho enorme gratidão por essa mulher. Eu a amo, e sou grata pela sua vida.

Com razão, o meu ex-marido se sentiu apunhalado, cheio de sentimentos ruins, e não o culpo. Só que aquela situação era minha e do meu marido. Eu deveria ter contado tudo a ele. Mas como fui incapaz de fazer isso, talvez tenha aberto todos os detalhes para uma amiga porque, no fundo, eu sabia que ela contaria a ele, e o meu casamento acabaria.

Em novembro de 2016, tivemos uma conversa ríspida. Ele me xingou e expôs a história à nossa família e amigos. Ele não teve o menor pudor em mostrar as provas que tinha recebido. E, no final dos nossos desentendimentos, quis me ver longe. Ligou para o meu pai, relatou o caso e pediu para que ele viesse "pegar a filha". Foi então que saí de nossa casa sem nada. Só com as minhas roupas, Julia em meus braços e algumas dívidas antigas que ainda não havia quitado. Voltei para a casa dos meus pais humilhada e me sentindo muito culpada. Uma culpa que existiu durante muito tempo, mas eu me perdoei e foi a partir do meu autoperdão que a minha vida começou a fluir. Escrevo este capítulo com os olhos cheio de lágrimas, pois, lembrar desse momento com detalhes me traz muita emoção, dor, superação e, por fim, gratidão. Foi difícil, mas veja quem sou hoje. Superei.

Mas, na época, foi com esse sentimento de culpa que fiz a viagem de São José do Rio Preto a Santana do Parnaíba. Os 422 quilômetros que separam essas duas cidades pareceram infinitos.

No carro, meu pai, de cara amarrada, só dirigia. Eu estava voltando para a casa dele sentindo vergonha de encarar toda a minha família. Parecia que o pior que sempre falaram sobre mim estava realmente acontecendo. A minha traição era a prova cabal. A culpa e a vergonha tomaram conta de mim por bastante tempo.

Porém, ao chegar em casa, meu pai me olhou e disse: "Vamos refazer a sua vida".

A VIDA, EM SUA ESSÊNCIA TRANSITÓRIA, É MOLDADA PELA RESILIÊNCIA DIANTE DA DOR. DOR ESSA QUE NÃO NOS DEFINE, MAS SERVE COMO UM COMBUSTÍVEL PODEROSO, UMA CHAMA ARDENTE QUE NOS FORTALECE, TRANSFORMANDO CADA ADVERSIDADE EM UM DEGRAU RUMO A UMA VERSÃO MAIS CORAJOSA E REALIZADA DE NÓS MESMOS.

@NATALIABEAUTY

03.
NOSSA VIDA É TRANSITÓRIA

A dor é meu combustível;
ela me fortalece.

Retornar à casa de meus pais foi um momento desafiador em minha vida, marcado por intensas reflexões. Crescer em um ambiente familiar que apresentava seus desafios, onde a comunicação era frequentemente substituída por tensões, criou um contexto complexo para mim e meus irmãos. Nós experimentamos momentos que exigiram de nós resiliência e compreensão além da nossa idade. Enfrentar essas adversidades nos ensinou lições valiosas, embora duras. Ao ter de recriar laços nesse ambiente familiar, senti um misto de receio e esperança. Reconhecer esse período como um passo temporário em minha jornada me permitiu encarar a situação com uma nova perspectiva, buscando extrair aprendizados e crescimento pessoal dessa experiência. Era uma oportunidade para reconstruir, a partir de uma base familiar antiga, um novo caminho para o futuro, apesar das dificuldades e desafios enfrentados.

Revisitar a casa dos meus pais, em um momento desafiador da minha vida, foi um retorno inesperado ao familiar. Me encontrar nessa situação, sob circunstâncias difíceis, me fez refletir profundamente sobre as escolhas e os caminhos que havia tomado. Trazer minha filha comigo intensificou minha determinação em construir um futuro diferente para nós. Minha experiência, embora desafiadora, reacendeu a esperança de superar as adversidades e criar novas memórias positivas, aprendendo com o passado, mas não permitindo que ele definisse nosso futuro.

Muito dos problemas que vivemos estavam ligados ao fato de meus pais terem tido uma vida muito difícil e sofrida. Hoje, com meu amadurecimento, eu entendo. Para começo de conversa, meu pai veio de Portugal para o Brasil em um navio, fugido da Segunda Guerra Mundial. Ele chegou a São Paulo pela primeira vez com muito pouco, quase nada, e teve um começo de vida adulta bem desafiador, com muitos olhares desconfiados o rodeando e tendo de lutar dia e noite por sua sobrevivência. Ninguém lhe deu nada de mão beijada. E o fato de ser estrangeiro ainda era um complicador, já que ele teve de se acostumar com hábitos sociais e culturais diferentes do dele.

Por sua vez, minha mãe, paulista do interior, também foi vítima de abusos dos seus pais. Certas situações vividas por ela ainda são difíceis de serem descritas. Não sei nem como explicar, mas parece que sinto toda dor deles, e sinto muito por isso. Eu os amo mais que tudo, eles são os melhores pais que meus irmãos e eu poderíamos ter. Pai, eu amo você. Mãe, eu amo você. Olhe a mulher incrível que vocês formaram, vocês venceram. Mesmo adolescente, minha mãe sofreu muita violência física. E todos os seus problemas foram motivos para ela ter se casado com o meu pai. Quando eles se conheceram, ele entendeu a situação na qual ela estava metida e se compadeceu, agindo para tirar a namorada daquela situação.

Com um mês de relacionamento, ele propôs que vivessem juntos. Ela aceitou a proposta imediatamente, saiu de casa e ambos foram morar em uma kombi.

Apesar de meu pai ser um empreendedor, naquele momento ele não tinha dinheiro o suficiente para bancar as despesas de uma casa. Mas, felizmente, a situação não durou muito, porque meu pai sempre se virou e procurou maneiras de conquistar o seu sustento. Essa realidade de desafios o levou a montar vários negócios: uma padaria, um restaurante, uma vendinha... Assim, ele fez a sua vida, sempre como dono de algum estabelecimento comercial.

Meu pai sempre demonstrou um forte espírito empreendedor, acompanhado de um desejo intenso de manter uma boa imagem perante os outros. Herdei esse traço empreendedor dele, com toda certeza. Meu pai é o homem de maior garra e coração bom que já conheci. Essa preocupação com a percepção externa influenciou profundamente nosso ambiente familiar, estabelecendo regras rígidas sobre como deveríamos agir, ainda mais em relação aos horários quando saíamos. "O que os vizinhos vão pensar?" era uma frase comum, refletindo seu zelo pela reputação familiar.

Hoje, percebo que essa cobrança existia porque ele queria ser aceito pela sociedade, sem contestações. Afinal, ninguém o conhecia quando ele chegou ao Brasil. E como não era um homem de posses nem tinha dinheiro, teve de se agarrar a seus valores morais para passar uma imagem de respeito.

Contudo, as nossas questões em casa não se resumiam às rígidas regras impostas por ele...

SEM CHÃO

Minha mãe enfrentou um desafio significativo com jogos, uma tendência que parece ter raízes familiares. O hábito causava tensões com meu pai, que tinha dificuldades em entender e aceitar a situação, levando a discussões intensas entre eles. A dinâmica familiar era complicada, pois o envolvimento com jogos pode trazer consequências difíceis, incluindo questões financeiras que afetam todos ao redor.

A situação era agravada pelo fato de que, como acontece em muitos casos de dificuldades com jogos, minha mãe às vezes não era completamente honesta sobre suas atividades, uma tentativa de evitar conflitos. Em certos momentos, sua ausência era notável, e ela era encontrada em locais associados a jogos, o que adicionava mais estresse ao ambiente familiar.

Crescer nesse contexto foi desafiador para mim e meus irmãos, com um clima doméstico frequentemente tenso e disciplina rigorosa por parte de nosso pai. Essas circunstâncias moldaram nossa infância de maneiras complexas, nos deixando navegar por emoções e situações difíceis desde muito jovens.

Voltar a viver sob o mesmo teto que meus pais, depois de tanto tempo buscando minha independência, foi um momento de reflexão intensa. Me reconectar com esse ambiente familiar, que carrega tantos desafios e complexidades, despertou em mim uma profunda preocupação, especialmente por trazer minha filha para essa dinâmica. Era fundamental para mim garantir que ela não enfrentasse as mesmas adversidades que marcaram minha juventude e a de meus irmãos. A ideia de revisitar essas experiências não era fácil, mas a encarei como uma oportunidade de crescimento e aprendizado para nós.

NAT, A WORKAHOLIC

Conviver com as contradições e confusões da minha família me traumatizou. Uma das consequências desse trauma é que tenho muito medo de ser abandonada. Diante da insegurança sentida pelas situações vividas, desenvolvi um grande receio de que a qualquer momento quem convive comigo pode me deixar. Ainda bem que esse sentimento tem sido trabalhado aos poucos. Como estou construindo uma família a partir de uma relação de respeito, compreensão, carinho e amor com o Felipe, me sinto emocionalmente muito mais forte.

Falar e escrever sobre esse assunto de maneira tão aberta e direta é reflexo do meu amadurecimento. De certo modo, até me faz bem, pois tenho a oportunidade de rever as minhas experiências, assimilá-las e integrá-las de um outro lugar, considerando todas as minhas conquistas e modificações ao longo desses anos. E faço isso não só por mim, mas para mostrar para vocês, mulheres, que vocês merecem ser amadas, respeitadas e honradas.

Nos momentos de maior fragilidade emocional, tive diversas crises emocionais por acreditar que seria abandonada. Era um sentimento de pânico e desespero, como se faltasse ar em meus pulmões. Porém, aquelas sensações não me paralisaram. Pelo contrário: o medo se tornou o combustível para eu ser uma profissional disposta e produtiva. O trabalho compensava aquele sentimento destrutivo. No ambiente profissional, eu me sentia mais segura, porque é um espaço no qual tenho alguma previsibilidade. Então, desde sempre, me lancei no trabalho.

Como meu pai colocava os filhos para ajudá-lo em seus negócios, eu me habituei desde cedo com a rotina do comércio, me relacionando com clientes, entendendo os códigos usados pelas pessoas para se comunicar e os interesses envolvidos. E desde muito nova, aprendi a me comportar em relações comerciais e profissionais.

EU ME COLOCO EM UMA POSIÇÃO DE OBSERVADORA ATIVA NAS NEGOCIAÇÕES E PROCURO DEIXAR O OUTRO SER RAZOÁVEL. EU DEIXO QUE A OUTRA PARTE DECIDA.

Trago tudo à mesa e observo a ação do meu interlocutor e a proposta. O movimento da decisão é sempre dele. Eu estou ali, presente na negociação, com os meus argumentos expostos, e é o outro quem vai mostrar a sua índole. Essa estratégia nunca falha. É o lado contrário que vai se colocar e, a partir dessa colocação, eu sei qual caminho seguir, se o negócio pode ser concluído nos termos que estão sendo propostos, se precisa ser aprimorado ou se será encerrado.

Como sou uma pessoa inquieta e curiosa, gosto de aprender e tenho coragem de fazer as coisas acontecerem. Grande parte dessa coragem vem dos meus tormentos, dos sofrimentos vividos. Foram eles que me fortaleceram. É como se a dor fosse meu combustível.

Eu já fui humilhada, chamada de vagabunda, acusada de ter acabado com uma família, xingada de todos os nomes possíveis e imagináveis, sofri violências de várias formas e, no final das contas, continuei em pé. Estava inteira, mas me via despida diante do outro. E foi nesse momento que entendi que não tinha mais nada a perder. Assim, o medo deixou de ser importante, como em um passe de mágica, pois, às vezes, acontecem coisas tão maravilhosas na nossa vida que jamais teriam acontecido se tudo tivesse dado certo.

Eu não gostaria de ter sofrido tanto para ter tido esse aprendizado. Se pudesse ter chegado a essa conclusão de outro modo, com certeza teria seguido um caminho diferente. Mas essa decisão não foi minha, não estava em minhas mãos. Os fatos aconteceram, e vivi cada um deles, enfrentando os desafios um dia após o outro. E assim como o medo perdeu força, o sentimento da vergonha também caiu por terra. Eu não tenho mais do que me envergonhar, e foi a partir dessas reflexões que cheguei a tantas outras.

Eu não sou esse monstro que as pessoas estão desenhando. Eu não sou o que elas acreditam que eu seja. Ao ter incorporado esse pensamento, me fortaleci. Diante daquilo que o outro pensa ou fala sobre mim, eu simplesmente agradeço e sigo o meu caminho, sem ver problema algum na observação feita. Quer falar de mim? Pode falar o quanto quiser, pois o que está sendo dito não me define, não me reduz. As pessoas não sabem nada da minha vida. Ninguém passou pelo que eu passei. Ninguém vive comigo vinte e quatro horas por dia nem sente as minhas dores nem compartilha dos meus sonhos e incertezas.

EU NÃO ESPERO A AUTORIZAÇÃO DO OUTRO PARA SER OU FAZER O QUE TENHO DE FAZER.

Esse meu comportamento com certeza chega até quem convive comigo, porque as pessoas se sentem muito fortalecidas quando estão ao meu lado, pessoal ou profissionalmente. Eu sou uma pessoa determinada. Se quero algo, transformo o mundo para realizar esse querer. Eu me dedico 100% ao meu objetivo, pois sou comprometida com os meus sonhos. É como se esse traço da minha personalidade trouxesse a força dos indivíduos, como se despertasse a coragem adormecida neles. Isso acontece principalmente com as mulheres que se sentem empoderadas, sentem-se protagonistas da própria história. Elas, por semelhança comigo, encontram mais proximidade e força nas minhas vivências. Mas tal sentimento, é estendido aos homens também.

Esse lugar de reconhecimento que tenho com as mulheres sempre me motivou a agir. Ao me tornar empresária (e estar à frente de diversas ações sociais), ajudar mulheres sempre foi um dos meus objetivos. Eu tinha muita certeza de que encontraria os meios adequados para esse caminho acontecer. E a verdade é que o que já fiz até hoje não é nem 1% do que pretendo fazer no futuro.

GOSTO DE PENSAR QUE AINDA PRESERVO O OLHAR INOCENTE DE CRIANÇA. A OUSADIA DAS MENINAS E DOS MENINOS AO DESAFIAR OS MAIS VELHOS DE MANEIRA LEVE, MUITAS VEZES BRINCANDO.

No meio de um mundo executivo dominado por homens que se comportam pretensamente com seriedade, eu tento criar um universo mágico no qual toda essa seriedade se dissolva, para que possamos voltar a ser livres e sonhadores, como éramos quando criança. A essência infantil destemida me atrai, e tenho provado que é possível ser dessa maneira nos negócios. Sim, é viável financeiramente. Sim, as pessoas podem ganhar dinheiro assim. Eu ganho dinheiro sendo quem sou, o que proporciona uma vida confortável a mim e a todos que trabalham ao meu lado.

SEGUIR EM PAZ

Sinto muito orgulho da Natalia que fui ontem e da que sou hoje. Às vezes, passo propositalmente em frente da primeira sala que aluguei para trabalhar em São Paulo, que mal tinha trinta metros quadrados, e, por alguns instantes, me recordo das histórias vividas ali, do aprendizado, das amizades estabelecidas, de como eu era sonhadora e destemida. Em algumas dessas ocasiões, me pego indo ainda mais longe nas lembranças, até as viagens entre São José do Rio Preto e São Paulo, quando vim fazer o meu primeiro curso da técnica fio a fio para trabalhar com sobrancelhas.

Eu saía de São José às 23h30 e chegava a São Paulo às 6h30 do dia seguinte. Deixava a minha filha, na época com dois aninhos, em casa e partia, com o coração apertado, em busca do meu sonho. Eu viajava insegura, mas ia assim mesmo, pois acreditava na importância daquele passo. Um que foi decisivo para o meu futuro.

E quer saber? Nunca imaginei, por um segundo sequer, que a minha vida seria transformada para sempre pela área da estética e da beleza. Jamais suspeitei que a minha grande revolução profissional e pessoal estaria ligada a esse setor. Hoje, essa constatação me faz ter mais clareza da inexistência de fórmulas mágicas para resolver problemas.

Não há receita de bolo para se aplicar. A gente não conquista os nossos sonhos ao usar uma varinha de condão. É preciso suor, atitude e ação. É necessário um pequeno passo de cada vez. E só a gente pode decidir dar esse primeiro passo. Precisamos fazer o hoje! Não podemos ficar nos lamentando pelos acontecimentos do passado nem esperar sentados algo acontecer amanhã. Temos que dar o passo hoje, um passo que é único e exclusivo de cada pessoa. Lembre-se: as transformações só vão chegar e serem constantes na sua vida se houver atitude.

Julia, a minha filha, também foi muito importante no meu processo de mudança. Aliás, quando recordo a minha história, é a presença dela que mais me emociona. Lembrar-me dela pequenininha me traz uma emoção de tristeza, por todas as dificuldades que a fiz passar quando ela ainda era apenas um bebê. Toda a exposição às minhas incertezas, a possibilidade de viver em um ambiente familiar conflituoso. Quando me lembro que coloquei a minha filha mais velha nessa posição, sinto um nó na garganta.

Entretanto, reconheço que todos os acontecimentos em minha vida me trouxeram até aqui. Portanto, acredito que eles foram perfeitos. Sem as minhas vivências, eu sequer estaria escrevendo este livro.

Não há como fugir: nosso tempo presente é o resultado das nossas escolhas e vivências. Por isso, aceito as minhas imperfeições e compartilho algumas delas aqui nestas páginas. E faço isso porque busco ter uma vida próspera, sem mentiras ou desculpas desnecessárias por aquilo que já está feito e não tem mais volta.

NÃO TEMOS COMO MUDAR O PASSADO, MAS PODEMOS NOS PERDOAR POR ALGUMAS DAS NOSSAS ATITUDES. ESSE PERDÃO NOS LIVRA DOS ERROS COMETIDOS E NOS LIBERTA PARA CONQUISTAR MAIS FORÇA PARA SEGUIR ADIANTE E CONSTRUIR UM FUTURO LEVE.

É muito fácil se desmerecer quando estamos apegados aos erros cometidos. Esse comportamento gera um sentimento negativo, e corremos o risco de acreditar que somos pessoas más. A lógica é "simples": se cometemos algum erro, não prestamos. Pior: não merecemos ser felizes porque ficamos presos a esse sentimento de inadequação e negativismo. Só muda essa circunstância quem tem consciência dos próprios atos e reconhece verdadeiramente os seus motivos. Esse é o ponto de partida para a transformação, a ação que abre espaço para comemorar cada pequena conquista.

É preciso observar o processo do seu caminhar, não apenas focar o início ou o fim da jornada. Aproveitar as vitórias cotidianas é fundamental. Elas nos fortalecem e colocam nossas atitudes em perspectiva. É importante comemorar toda e qualquer situação, mesmo quando algumas delas não saem de acordo com o esperado.

O erro nos indica espaço para aprimorar, nos traz a possibilidade de corrigir rotas, nos mostra o outro lado da moeda. Por isso, entender a transitoriedade da vida, em todos os seus aspectos, é fundamental. O bom vai passar, e o ruim, também. O importante é saber como voltar para o seu eixo e seguir em paz.

O mais surpreendente em toda essa história é que a vida nos mostra o tempo todo que podemos seguir. A gente sempre vai ter uma nova chance e, muitas vezes, essas oportunidades ocorrem de modo inusitado. No meu caso, quando vesti um pijama para trabalhar, algo de muito significativo aconteceu ao meu redor, e as transformações se aceleraram. Desde então, essa peça do vestuário me acompanha aonde vou; se tornou uma marca do meu trabalho, um elo de comunicação entre as pessoas.

Quem veste um pijama Natalia Beauty se permite ser a sua melhor versão, e entra para uma família de pessoas sonhadoras, ousadas, prósperas e determinadas.

MEUS SONHOS SÃO
COMO PINCELADAS VIBRANTES
QUE TRANSFORMAM O MUNDO
AO MEU REDOR, QUE ME FAZEM
ENCARAR O FUTURO COMO
UMA DESLUMBRANTE TELA
EM BRANCO, UM REINO
DE INFINITAS POSSIBILIDADES,
ONDE CADA ASPIRAÇÃO TEM
O PODER DE SE MATERIALIZAR
E MOLDAR UMA VIDA
NÃO APENAS VIVIDA, MAS
ARTISTICAMENTE CRIADA;
UMA OBRA-PRIMA DA MINHA
PRÓPRIA VONTADE E VISÃO.

@NATALIABEAUTY

04.
MEUS SONHOS TRANSFORMAM O MUNDO AO MEU REDOR

Encarar o futuro como algo lindo, vendo-o como uma tela em branco, um espaço possível para realizar seus sonhos, pode ser um caminho para se criar uma vida especial.

A minha história é sobre quebras de padrões, mudanças de paradigmas. Foi nesse contexto, desafiando as certezas e modificando a realidade, que o pijama surgiu em minha vida como uma das minhas principais identidades visuais e de valor empresarial.

Era 14 de julho de 2017 quando decidi usar pela primeira vez o meu pijama para fazer os atendimentos. Essa decisão, contudo, não foi planejada, não surgiu como resultado de uma elaborada campanha de marketing. Foi espontânea, um pensamento decorrente do acaso, nascido ao me sentir desafiada.

Estávamos no inverno, e São Paulo costuma ser fria nessa época do ano. Com as temperaturas mais amenas, o ideal é usar uma roupa confortável e quentinha. Naquele dia, que lembro como se fosse hoje, eu havia andado de bicicleta pela manhã e foi terrível, pois passei muito frio. Parecia que o vento cortaria o meu rosto. Diante do incômodo da temperatura, não prolonguei a atividade, e logo voltei para casa para me aquecer e me organizar para o restante do dia. Almocei e fui para a clínica fazer os meus atendimentos, e o dia continuava gelado.

Quando estava atendendo a cliente das 15h00, comentei com ela sobre o meu incômodo com aquele frio e disse como tinha sido muito difícil, naquela manhã, tirar o pijama quentinho e colocar uma roupa de treino para sair de casa e andar de bicicleta. Após essa fala totalmente casual, complementei o meu pensamento, afirmando que seria muito bom se pudéssemos trabalhar de pijama. Seria muito confortável, não é?

Ela me olhou com um semblante surpreso e contestou: "Não! Não seria nada interessante trabalhar de pijama". Eu a ouvi atentamente e o tom da fala me desagradou. Eu estava ali falando sobre o conforto do pijama, porque no fundo estava me referindo às situações desagradáveis pelas quais temos de passar ao longo do dia (e passar frio na rua é uma delas). Diante desse desconforto térmico, encontrar uma maneira de aquecer o corpo é bem reconfortante. Queria reforçar o meu pensamento de como é bom estar em situações de conforto. Obviamente, ela não me entendeu e foi bastante ríspida ao contestar.

Naquele momento, bem incomodada, pedi alguns minutos de licença e fui até a sala ao lado, onde Stephania estava. Olhei para ela e, sem muitas explicações, solicitei que comprasse dezesseis pijamas para o dia seguinte. Seria um pijama para mim e quinze para eu distribuir às alunas que viriam fazer o curso da minha técnica de design de sobrancelhas. Nos dois dias seguintes, sábado e domingo, eu daria o curso de Flow Brows e queria estar vestida com um pijama *plush* rosa.

Ao ouvir o pedido, Stephania me olhou, abriu uma gargalhada e perguntou: "Mas você está falando sério?". Eu disse que sim e pedi que ela pesquisasse na internet lojas que vendessem pijamas na cidade de São Paulo. E assim ela fez: encontrou uma rede de lojas de departamento que tinha o modelo que eu queria e, no final do dia, lá fomos nós em quatro lojas dessa rede para comprar as unidades disponíveis. Aquela "caça ao pijama" foi bem divertida, mas eu queria mais. Não me contentei apenas em comprar os pijamas. Eu queria entregá-los com o meu logo bordado – e, naquela época, a minha marca ainda se chamava Natalia Make-Up.

Por sorte, encontramos uma costureira para bordar o logo em cada um dos pijamas e deixá-los prontos para a manhã seguinte. O tempo era muito curto para toda aquela produção, mas conseguimos realizá-la. E o curso foi emocionante. Talvez um dos mais significativos da minha carreira até aqui.

SIM, A GENTE PODE

Às 9h, subi no palco vestida com um pijama *plush* rosa e fiz uma fala emocionada que ressaltava o fato de elas estarem me vendo ali vestida de uma maneira inusual. A minha intenção era mostrar a elas que não há um padrão de comportamento único e determinado para se fazer sucesso nas atividades profissionais. Que uma roupa não poderia definir a minha capacidade de trabalho nem a de ninguém. Disse que o caminho do sucesso ou do fracasso é uma responsabilidade individual.

Cabe a cada um de nós, dentro de nossas potencialidades, a responsabilidade de fazer acontecer na vida.

Estava ali, vestida com um pijama, para evidenciar o fato de conseguirmos tudo o que queremos, desde que façamos nossas atividades com responsabilidade, dedicação, persistência, foco. Também contei a elas como tinha surgido a ideia de usar o pijama e todo o meu empenho e da Stephania para conseguirmos o presente para todas que ali estavam.

Em outras palavras, o meu recado era: de uma vez por todas, vamos tirar da frente a desculpa de não conseguir realizar nossos objetivos por falta de tempo, pelos empecilhos do caminho. Quando verdadeiramente se quer realizar algo, não tem nada que possa impedir.

O insight daquela fala me veio porque, quando comecei a dar cursos, percebi que algumas alunas jogavam completamente em mim o sucesso do atendimento dos seus clientes. Era como se elas terceirizassem a mim a responsabilidade de dar certo, como se não tivessem nenhum comprometimento caso as iniciativas fracassassem.

Claro, a minha responsabilidade era com o processo formativo ao qual as mulheres se submetiam. Eu criei os cursos para tirar dúvidas sobre a técnica e ensinar os detalhes dos procedimentos, afinal, eu os desenvolvi e os aprimorei ao longo dos anos. Após o ensinamento passado, porém, a responsabilidade da aplicação, e do erro ou acerto consequente, é do profissional que está realizando a prestação de serviço.

O pijama foi o jeito lúdico encontrado por mim para exemplificar o meu ponto de vista. Demonstrar o quanto a ação do outro é importante. Quando todos estão vestidos da mesma maneira, por exemplo, a atitude da pessoa torna-se o seu diferencial.

Ao final daquele 15 de julho, também aprendi uma grande lição, relacionada com o fato de se trabalhar em conjunto e com empatia: ao dividirmos nossas experiências, nossos sonhos e nossas conquistas, potencializamos nossa ação, nossa vida.

Compartilhar o aprendizado nos torna mais poderosos.

Eu estava ali diante de tantas profissionais interessadas em obter um novo conhecimento para que elas pudessem despertar a responsabilidade sobre as suas ações, para que se abrissem para novas possibilidades e criassem um jeito original de olhar a beleza, para além da superficialidade e aparência. O importante é encontrar a essência do que de fato nos torna belos e únicos e, para isso, é fundamental nos livrar dos padrões socialmente impostos, que são muitos e nos cobram um alto preço para existir na sociedade e para nos relacionar.

É importante lembrar que podemos ultrapassar os limites impostos pela vida se persistirmos, se não entregarmos facilmente os pontos diante dos obstáculos naturais que se colocam no caminho. Nada é fácil, é sempre bom lembrar, e ninguém disse que seria. Mas, de certo modo, quando eu as surpreendi vestida com pijama, e lhes contei a maneira como havia conseguido realizar toda aquela produção, o meu recado foi claro. Até pode ser difícil, mas é preciso tentar e encontrar meios para realizar o que se quer. Quem esteve presente naquele curso viveu esse pensamento intensamente. Aquele dia foi uma grande celebração de prosperidade. Queríamos compartilhar com o mundo o nosso estado de espírito e, ao final do encontro, saímos pelas ruas próximas ao local do evento para caminhar e conversar com as pessoas.

Estávamos na região da avenida Paulista, e foi uma farra andar de pijama pelas ruas. As pessoas paravam para fazer fotos conosco, nos olhavam intrigadas, queriam entender o que estava acontecendo, compreender por qual razão estávamos vestidas daquela maneira. Foi muito divertido e libertador. A gente só queria trabalhar com uma roupa confortável e quentinha, então qual seria o problema desse desejo? O que estávamos fazendo de tão errado?

O SURGIMENTO DO FLOW BROWS

Quando abri a salinha de trinta metros na alameda Lorena, eu já ensinava a minha técnica de design de sobrancelhas. Desde São José do Rio Preto, as pessoas me perguntavam se eu poderia lhes ensinar a fazer o mesmo trabalho. O interesse surgia porque as pessoas viam a grande procura pelos meus serviços. A minha agenda estava sempre lotada. As clientes eram contínuas e o boca a boca divulgando o meu trabalho era muito forte. Todo esse sucesso despertou o interesse de quem gostaria de ter uma profissão com mais autonomia e independência financeira, afinal, como as clientes não paravam de me procurar, o fluxo de entrada de dinheiro era permanente.

Sendo assim, os cursos viriam a agregar à minha rotina financeira. Eles se tornaram uma fonte substancial de recursos e, até certa medida, foram fáceis de fazer, porque desenvolvi um método de ensino de dois dias, nos quais apresento as técnicas necessárias para qualquer pessoa começar a atender.

Mesmo na época em que eu cobrava 5 mil reais por aluno, um valor não tão acessível, o interesse pelo aprendizado foi grande. Parte daquela intensa procura aconteceu porque poucas profissionais dominavam a técnica de fio a fio como eu fazia. Antigamente, antes de o design de sobrancelhas se popularizar, a técnica de trabalho mais usada era a de fio reto, o que padronizava todas as sobrancelhas, gerando alguns resultados bem estranhos porque, em certas pessoas, não criava sobrancelhas harmônicas. Os fios das sobrancelhas ficavam retos como pauzinhos, algo bem esquisito, nada natural. Um dos meus diferenciais foi ter percebido a necessidade de movimento.

O fio, por si, não é reto; ele tem uma leve ondulação, uma curvatura. Aprimorei meu trabalho a partir dessa constatação, dando balanço a cada sobrancelha, principalmente respeitando as dimensões do rosto da pessoa. Dessa evolução, surgiu a técnica e o nome Flow Brows, ou seja, *sobrancelhas com ondulação*, que foi uma revolução no mercado.

Não à toa, me tornei a principal referência do setor no Brasil, por ter sido a pioneira desse modo de fazer o design. Essa condição me diferenciou, me fez sair na frente em um mercado em expansão. E tenho a certeza de que, ao compartilhar esse conhecimento, me torno mais forte e influente. Por isso, um dos meus desejos é o de dividir o meu know-how com cada vez mais pessoas, para que o mercado possa se tornar cada vez mais diverso e solidificado.

E eu me lembro exatamente do dia em que percebi ter desenvolvido uma nova técnica de design de sobrancelhas. Estava muito cansada e era por volta da meia-noite quando tive essa percepção.

A procura pelo meu trabalho havia decolado. A rotina era bastante intensa, e a minha agenda estava repleta de atendimentos pelos seis meses seguintes. Tudo muito surpreendente! Como o meu atendimento tornou-se bastante concorrido, eu recebia pedidos em horários nada convencionais.

Um dia, uma cliente que não morava em São Paulo insistiu para ser atendida. Não encontrando horários possíveis, ela me perguntou se eu não poderia atendê-la à meia-noite. Diante da sua persistência, eu a encaixei nesse horário. Eu sabia que estaria acabada de cansaço, mas, a partir do momento em que disse "sim", encontrei forças para manter a qualidade do meu serviço.

O cansaço, contudo, era muito grande – e talvez ele tenha me ajudado de um jeito inesperado, ao diminuir o meu grau de controle. Quando me dei conta, percebi que estava fazendo o desenho dos fios das sobrancelhas dela como se fossem naturais. Eles tinham a ondulação natural do pelo, e a trama deles encaixava em flow.

Era uma hora da madrugada quando, ao finalizar o atendimento, eu olhei para ela e para a minha assistente e lhes disse: "A minha técnica de trabalho se chama Flow Brows".

Impressionante como, daquele cansaço de mais um dia de uma longa jornada de trabalho, eu saí com algo que revolucionaria a minha vida e o mercado da estética e beleza no Brasil. Como não acreditar que não tem a interferência de Deus nessa situação? Eu não tenho dúvidas da minha proteção e do quanto Ele interfere positivamente na minha jornada. Aliás, para mim, não existe explicação melhor para entender como essa situação ganhou vida e projeção.

EM BUSCA DO RECONHECIMENTO DO MEC

Crescemos quando temos um setor mais maduro, com mais profissionais, com mais conhecimento circulando. Assim, pensando em ampliar o meu mercado de atuação, em 2022, eu, como um grupo empresarial, comecei um movimento inédito, inovador e disruptivo.

Decidimos investir em capacitação profissional de maneira ampla, e inauguramos um espaço de ensino, reconhecido pelo Ministério da Educação, com aulas presenciais e virtuais. Nossa certificação é respaldada pelo MEC como uma extensão universitária, por estarmos vinculados à Faculdade Brasília.

Meu objetivo com essa ação foi capacitar profissionais para desempenhar uma atividade com alto potencial de lucratividade, diante da demanda existente em um setor com índices de forte crescimento, como o de beleza e estética no Brasil. Sem contar que não há requisitos específicos para se aprender a trabalhar com sobrancelhas, basta disposição e força de vontade para dominar as técnicas e aprimorá-las com o tempo. Essa atividade é uma grande oportunidade para quem busca recolocação no mercado de trabalho, para quem quer mudar de carreira ou para quem tem vontade de atuar nesse nicho de mercado – sem contar a autonomia no atendimento que pode ocorrer em domicílio, salões de beleza, clínicas especializadas...

Os cursos de formação não se restringem a formar profissionais para trabalhar com sobrancelhas. A Natalia Beauty University oferece nove cursos, e você pode conhecer todos aqui: https://nataliabeauty.com.br/university. Todos são técnicas e/ou prestação de serviço feitas pela Natalia Beauty. Dessa maneira, garantimos expertise nos conteúdos ministrados e, cotidianamente, comprovamos os resultados positivos.

É muito importante para o setor ter formações reconhecidas pelo MEC, isso garante mais qualidade nos atendimentos, nas técnicas empregadas nos trabalhos. O mercado avançou muito desde o surgimento da micropigmentação de sobrancelha. Hoje, temos métodos tão sofisticados que, muitas vezes, é impossível distinguir de uma sobrancelha natural.

Tenho muito orgulho em relatar essa história. Sabe por quê? Para mim, 2017 foi um ano muito importante. Foi um momento cabalístico em que aprendi muito, conquistei importantes espaços a partir de quem eu sou, coloquei em prática as minhas crenças e pensamentos. O mundo ao meu redor estava se tornando a extensão de quem eu sou de verdade, e os sinais dessas transformações começaram a aparecer com maior frequência e de várias maneiras.

JUNTOS, NOSSA FORÇA É IMENSURÁVEL, E O MAIOR SUPERPODER QUE POSSUÍMOS É A NOSSA HUMANIDADE, ESSA CAPACIDADE INCRÍVEL DE SONHAR ALTO, DE VISUALIZAR O EXTRAORDINÁRIO NO HORIZONTE DO IMPOSSÍVEL. COM AS MÃOS DADAS E CORAÇÕES UNIDOS, PODEMOS TRANSFORMAR ESSES SONHOS GRANDIOSOS EM REALIDADES DESLUMBRANTES, PROVANDO QUE O IMPOSSÍVEL É APENAS UM DESAFIO A SER SUPERADO.

@NATALIABEAUTY

05.
JUNTOS SOMOS MAIS FORTES

*O maior superpoder que a gente tem
é ser humano.*

Era 19 de agosto de 2020 quando o Brasil viveu um dos momentos mais críticos da pandemia de covid-19. Alguns meses antes dessa data, o Governo Federal havia sancionado uma lei de combate à proliferação do coronavírus, uma das medidas de saúde pública adotadas para o enfrentamento da pandemia que se espalhava velozmente pelo mundo, matando milhares de pessoas todos os dias. Diante de inéditos acontecimentos, tudo era incerto. As pessoas não podiam circular normalmente pelas ruas, e a economia nacional foi drasticamente impactada pelas limitações impostas pelo vírus. Tudo estava muito confuso e angustiante.

No Natalia Beauty Group, nós também sentimos o impacto do lockdown, mas encontramos meios para diversificar nossa atuação e conseguimos passar pelos piores momentos da pandemia mantendo nossas atividades e construindo uma perspectiva futura com todos os profissionais que tinham relacionamento conosco. Nos mantivemos muito produtivos e em constante expansão.

Nossa comunicação pelas redes sociais, que já era bem significativa, ganhou mais importância, e eu respondia às mensagens enviadas nos meus canais virtuais de comunicação. Uma dessas mensagens, entre as centenas de milhares que chegavam diariamente, capturou a minha atenção. Era de um homem chamado Jemerson.

Nosso diálogo começou com um cordial "Bom dia! Tudo bem?" que ele me enviou e o qual só consegui responder quatro dias depois, em 23 de agosto. Quando perguntei como poderia ajudá-lo, ele deu prosseguimento ao diálogo com um texto que mexeu muito comigo. Ao ler, meu coração acelerou. O relato era muito forte e, de algum modo, eu conseguia me ver naquelas palavras. Jemerson estava desesperado. Ele olhava para os lados e era como se não conseguisse encontrar saída para a sua situação.

Mineiro de Belo Horizonte, ele teve uma infância extremamente difícil. Parecida com a de milhões de outros brasileiros que veem a sua família ser desestruturada por mortes decorrentes de uma condição social de pobreza – e, portanto, com pouco ou nenhum acesso a tratamentos de saúde – ou pela violência do crime organizado. Na mensagem, Jemerson descrevia essa dura realidade. O pai havia falecido quando ele e seus três irmãos eram muito pequenos, e a mãe, que havia se tornado a principal provedora do sustento de todos eles, teve de trabalhar como empregada doméstica.

O irmão mais velho de Jemerson se viu na obrigação de ajudar a mãe e tentou assumir o lugar do pai falecido – situação essa que funcionou bem em um primeiro momento. Jemerson e os outros irmãos associaram o primogênito à figura do pai, mas essa história cobrou um preço alto... Não conseguindo encontrar um emprego que trouxesse dinheiro o suficiente para casa, ele decidiu se envolver com o crime local e, nesse caminho, a sua vida teve um fim trágico.

O assassinato do irmão foi perturbador para aquela criança, na época com 10 anos, que vendia gelinho e catava latinhas na rua para ajudar a pagar as despesas da casa. Com a morte do irmão, a esperança de Jemerson por dias melhores também se foi, e ele caiu em uma profunda depressão, momento em que abandonou a escola, deixou de se divertir com os amigos em partidas de futebol, parou de sair de casa e se isolou completamente.

Diante daquela situação, a mãe sugeriu que ele fosse morar com a avó, que estava pronta para recebê-lo com todo o carinho e amor. Mas aquele contexto de conforto e proteção não durou quase nada. Alguns meses depois da mudança de Jemerson, a avó foi vítima de um súbito AVC. Ele não conseguia suportar aquela dor e não reagiu nada bem. Mal tinha se acostumado à perda do irmão e já estava diante de uma nova tragédia, a terceira morte em sua vida. O menino revoltou-se diante de suas perdas e, como uma espécie de vingança contra a sua má sorte, decidiu seguir os passos do irmão no crime. Resultado: em um dos roubos, levou quatro tiros. Um atingiu a sua cabeça e os outros três, o seu peito.

Ao chegar em coma no hospital para ser socorrido, a equipe médica não acreditou na recuperação de Jemerson. Eles fizeram todos os procedimentos necessários para mantê-lo vivo, mas o estado de saúde era muito delicado e eles previram o pior. Porém, contrariando os prognósticos clínicos, o jovem sobreviveu. Aos poucos, após todas as intervenções médicas, ele se recuperou e, quando saiu do coma, uma das primeiras frases que se lembra de ter ouvido dos médicos foi: "Agora você pode comemorar dois aniversários: o dia em que nasceu de fato e hoje, a data do seu renascimento. Ah, e agradeça a Deus, pois foi Ele quem o salvou. Sua recuperação foi realmente um milagre!".

Poderia ser um final feliz, mas a jornada de contratempos de Jemerson estava longe de acabar. Ao ter alta do hospital, ele foi encaminhado a uma penitenciária para cumprir a pena pelas infrações cometidas. Lá foi ele, então, para os seus anos de reclusão. Infelizmente, sabemos que viver em presídios brasileiros é conviver com condições muitas vezes desumanas. É uma situação extremamente complicada. Mas Jemerson foi forte e cumpriu a sua pena até ser liberado para se reinserir na sociedade.

Ao sair do presídio, ele se casou e teve um filho. Tentou estabelecer uma vida simples, longe da bandidagem e perto de quem o amava, mas se reinserir no mundo não é uma tarefa fácil para ex-presidiários. As pessoas olham com muita desconfiança e sentem medo e, consequentemente, ex-detentos passam por muitas dificuldades para encontrar uma oportunidade de trabalho – exatamente o que aconteceu com Jemerson. Por isso, ele buscou ser autônomo e abriu uma barbearia. Afinal de contas, não podia se dar ao luxo de ficar sem nenhuma remuneração, pois tinha esposa e filho para sustentar.

Quando parecia que tudo entraria nos eixos, veio a pandemia de covid-19 e bagunçou os seus planos. Ele foi obrigado a fechar a barbearia porque os clientes sumiram. Consequentemente, ficou sem a sua fonte de renda e sem um modo de pagar as despesas. Foi nesse momento de desesperança que as nossas vidas se cruzaram.

UMA NOVA CHANCE

Desnorteado, tentando entender o que poderia fazer para ganhar dinheiro, Jemerson, navegando pelas redes sociais, passou pelo anúncio de um dos cursos do Natalia Beauty. Aquele breve contato com o nosso trabalho capturou a atenção dele, que procurou saber mais do que se tratava, o que era ser um micropigmentador de sobrancelhas. Ao ver que um dos segredos dessa atividade é ter habilidades com desenho para fazer o traçado da sobrancelha, ele identificou uma oportunidade. *Eu sei desenhar muito bem, por que não me arriscar?*, pensou. Aquele foi, então, o exato momento em que decidiu me mandar a mensagem do dia 19 de agosto.

Ele tinha disposição para aprender a profissão, habilidade manual com o traço, e precisava encontrar uma fonte de renda autônoma e imediata, mas não tinha o dinheiro para fazer o curso. Por isso, ao me contatar, pediu para fazer gratuitamente a formação, se comprometendo a pagar o valor daquele investimento assim que estivesse fazendo os próprios atendimentos.

Após ler o relato de Jemerson, eu não duvidei um segundo sequer da minha decisão. Respondi afirmando que ele seria muito bem-vindo ao meu universo e que, sim, ele faria o curso gratuitamente. Como qualquer interessado em entrar nesse segmento de trabalho, ele começaria a sua formação pela técnica de Start Flow Brows, uma das primeiras formações para iniciantes.

Aquela foi uma decisão extremamente acertada. De fato, eu havia ficado muito comovida com a mensagem. Estava diante do relato de um homem que não havia desistido da vida, mesmo tendo cometido graves erros, que ainda sonhava com dias melhores, que não deixou o seu passado nem as suas péssimas decisões definirem o futuro.

Ao me mandar aquela mensagem, Jemerson estava tentando mudar, estava tentando dar continuidade à sua vida, seguir adiante. Eu entendi perfeitamente a situação dele, pois já tinha estado naquele lugar, já tinha sentido aquele desespero de quando estamos no fundo do poço, com tanta gente apontando o dedo e nos julgando. Por isso, sabia que ele só conseguiria mudar de vida se tivesse uma chance, se encontrasse alguém pelo caminho que acreditasse na sua intenção. E a chance da qual ele tanto precisava podia ser o meu curso.

Diante de tudo isso, respondi imediatamente: "Você pode vir para São Paulo, pois eu vou te dar o curso".

Continuamos trocando mensagens, eu peguei o seu contato, entre outros detalhes, e os encaminhei à minha equipe comercial, para eles darem prosseguimento à inscrição. Monitorei a situação, mas os meses foram se passando e nada de Jemerson aparecer na cidade. Em determinado momento, achei que ele havia desistido, que não viria mais, que toda a sua intenção não tinha passado de fogo de palha. Porém, sete meses depois que trocamos as mensagens, em março de 2021, ele apareceu.

Lá estava Jemerson na avenida Rebouças, número 1.441, aprendendo a fazer sobrancelhas.

Ele veio, aprendeu o que tinha de aprender e voltou para a sua cidade. Depois daquela viagem, não ouvi mais nada dele. *Vida que segue*, pensei, mas não foi bem assim. Ele voltou para casa e, imediatamente, começou a trabalhar e esperou o momento mais oportuno para fazer um novo contato comigo.

Em um dia que parecia comum, meu celular apitou e lá fui eu checar a mensagem: uma foto do Jemerson em atendimento. Ele havia montado a própria clínica, a Jemerson Beauty! Eu vibrei, mais uma vez, com uma mensagem dele que conseguiu fazer o meu coração bater mais forte. Era impossível parar de sorrir.

Ele estava em uma salinha bem simples, com uma maca e o seu material de trabalho, mas o que de verdade preenchia aquela imagem era o seu orgulho por ter realizado um sonho, por ter condições de ser o provedor de sua família e viver uma vida digna. Ele se esforçou muito para conquistar tudo aquilo. Não foi só o fato de ele ter vindo fazer o curso que trouxe tanto sucesso em tão pouco tempo. Ele não parou de estudar, de se aperfeiçoar. Manteve uma rotina de práticas sistemáticas em peles sintéticas para evoluir a sua técnica. Acompanha até hoje vídeos meus e de outros profissionais, lê sobre o tema constantemente para entender o desenvolvimento dos trabalhos e está motivado a ser o melhor do Brasil. E Jemerson está completamente certo em sua motivação.

É PRECISO SONHAR GRANDE PARA REALIZAR O QUE MUITAS PESSOAS ACREDITAM SER IMPOSSÍVEL.

A história de Jemerson prova que a gente pode superar as adversidades e mudar o destino, e que não há local para essa mudança acontecer.

Ele faz a sua mudança sendo um ex-presidiário e enfrentando o preconceito por ser homem em uma atividade dominada pelas mulheres.

Ser um profissional que desenha sobrancelhas encheu a vida dele de sonhos, de perspectivas e de esperança. É como se, ao vestir o nosso pijama, ele pudesse sonhar novamente, acreditar em novos caminhos e ver, pela primeira vez, a prosperidade de uma maneira tão objetiva. O nosso pijama fez dele um vencedor e sepultou o uniforme de presidiário que um dia ele teve de usar.

Essa história é uma inspiração, e por isso fiz questão de relatá-la aqui com tantos detalhes. É também um aprendizado que me motiva a seguir trabalhando com mais afinco. O sucesso demonstra a importância de reconhecimento do outro, seja ele quem for, tenha a história que tiver. Não cabe a mim condenar ninguém, tampouco virar a cara se posso, de alguma maneira, contribuir para a sua caminhada. Jemerson me inspira muito, sobretudo porque o seu crescimento aconteceu pelo fato de eu ter compartilhado o meu conhecimento, o meu saber profissional.

A GENTE SÓ CRESCE FAZENDO O OUTRO CRESCER. A GENTE SÓ SE CURA AJUDANDO O OUTRO A SE CURAR. A GENTE SÓ É AMADO AMANDO O OUTRO.

A partir desses pensamentos, tenho a certeza de que o nosso maior superpoder é ser humano. Ao entender isso, eu virei uma chave em mim, me tornei uma pessoa verdadeiramente empática, eliminei qualquer tendência de julgar o outro e de me colocar em uma posição de superioridade, de certeza. Pude desenvolver a minha humanidade, e a sensação que tenho é a de que, quando essa característica é bem desenvolvida, não há mais limites. Ganhamos uma imensa força de ação, de resiliência e entramos em um flow constante de prosperidade – e não só a financeira. Prosperidade da maneira mais ampla possível, porque a abundância passa a fazer parte de todos os campos da vida.

Eu sei o que é sofrer. Sei o que é ser acusada, ser achincalhada; sei o que é não perceber os caminhos que podem se abrir. Esse lugar de desespero é negativo, nos apequena, transforma a vida em um verdadeiro inferno. É aterrorizante e desagregador. Ninguém progride fazendo as outras pessoas se sentirem mal, humilhando ou apontando falhas e erros.

O VERDADEIRO PROGRESSO É COLETIVO, PORQUE BRILHAR NA VIDA NÃO DIZ RESPEITO APENAS A SI MESMO, MAS A COMO A GENTE CONSEGUE ILUMINAR O OUTRO. AFINAL, JUNTOS SOMOS SEMPRE MAIS FORTES.

NAT, SOU ETERNAMENTE GRATO PELA OPORTUNIDADE QUE VOCÊ MEU DEU. OS DIAS DE aprendizado com a sua técnica, sem dúvidas, foram alguns dos mais felizes e fantásticos da minha vida. Faço questão de contar toda a minha experiência para os meus filhos quando eles crescerem. A vida deles também foi impactada por aqueles dias.

A casa rosa é, sim, uma casa dos sonhos. É um lugar que traz esperança, ânimo, alegria. Reestabelece o sorriso em nossos corações e nos lembra de que, sim, vale muito a pena viver. Esse sentimento não é só meu, mas de todo mundo que tem a chance de entrar nela.

Quando me entregaram o pijama pela primeira vez, eu quase não acreditei que o tinha em mãos. Eu me emocionei muito e, quando o vesti, aconteceu algo surpreendente. Foi como se essa roupa tirasse de mim toda a carga negativa do passado. Naquele momento, eu abandonei os meus erros e tive a chance de me vestir do novo com o futuro que estava por vir. Nunca me senti tão leve e renovado como naquele momento. Acredite: o pijama tem poderes especiais.

Toda a minha experiência no curso foi mais do que realizar um dos meus maiores sonhos, porque eu tive a chance de aprender as melhores técnicas no melhor lugar do mundo para ensiná-las, com as profissionais mais qualificadas, as Masters. Tenho muito orgulho em dar continuidade a esse destino tão especial.

E mais: todos os ensinamentos me mostraram que o que importa não é só a possibilidade que temos de fazer dinheiro. Essa atividade não é só sobre trabalho. É muito mais que isso!

Ao aplicarmos em nossos clientes técnicas sofisticadas de desenho de sobrancelhas, percebemos a transformação no rosto das pessoas. Surge um brilho nos olhos das nossas clientes que até então não existia. É porque acontece uma verdadeira mudança de dentro para fora em cada uma delas. É muito especial vivenciar tudo isso. Essa mudança também acontece com o profissional que está realizando o trabalho. Assim, percebemos que na vida há valores muito maiores e importantes.

Sou eternamente grato por ter recuperado, pela técnica de desenhar sobrancelhas, minha esperança e determinação de vencer. Sou também eternamente grato a você, Nat, por ter acreditado em mim e incentivado o meu potencial. Grato por ter me dado uma oportunidade e, com isso, ter me feito uma pessoa melhor. Se todo ex-presidiário tivesse a chance de encontrar com alguém como você, Nat, certamente nossa ressocialização seria mais tranquila, e todos teriam a oportunidade de mudar, de se transformar e conquistar uma vida melhor e mais digna.

Muito obrigado!
Jemerson

AS HISTÓRIAS QUE COMPARTILHAMOS CARREGAM UMA FORÇA TRANSFORMADORA, SÃO CAPAZES DE MOLDAR VIDAS E REALIDADES. A MINHA PRÓPRIA VIDA É UMA DANÇA NO RITMO DO FLOW, UM TESTEMUNHO DE QUE OS MAIS BELOS CAPÍTULOS MUITAS VEZES SE DESENROLAM SEM PLANEJAMENTO OU PREVISÃO, REVELANDO QUE A MAGIA DA EXISTÊNCIA RESIDE NA BELEZA INESPERADA DO DESTINO.

@NATALIABEAUTY

06. HISTÓRIAS COMPARTILHADAS TÊM FORÇA E TRANSFORMAM VIDAS

A minha vida acontece em flow.
Eu nunca programei nem planejei tudo o que me aconteceu.

Para mim, é uma honra contar um pouco da minha história neste livro, e sou extremamente agradecida por você estar aqui comigo, por ter tido interesse por aquilo que faço. Muito obrigada, de verdade. É muito emocionante ser, de algum modo, fonte de inspiração e incentivo para o trabalho de algumas pessoas; ser uma referência para a busca pelo sucesso profissional de quem é batalhador.

Eu sei o quanto é difícil começar um empreendimento do nada. Sei o quanto dói não ter ao lado ninguém que acredite em sua capacidade. Pior, sei o que é estar cercada de pessoas que duvidam do seu potencial e que falam, a todo o instante, que você não vai dar certo. Eu vivi essas situações, e elas foram complicadas, doeram e fizeram eu me sentir muito só. Mas se hoje estou à frente de um negócio considerado revolucionário, em um dos segmentos econômicos mais concorridos do país, é porque eu nunca duvidei da minha capacidade. Eu sempre acreditei que a minha sorte iria mudar, mas não fiquei parada esperando essa mudança chegar: eu a fiz acontecer. Eu me dediquei, como me dedico todos os dias, a oferecer o melhor de mim ao mundo, e não só em minhas atividades profissionais.

Um dos segredos das minhas conquistas é acreditar nas pessoas e compartilhar histórias.

Tenho a certeza de que esse comportamento acelerou os resultados positivos em meus empreendimentos. Fez com que as coisas mudassem muito rápido, porque o que tenho hoje, do ponto de vista de negócio, começou a ser construído em 2015, quando eu, pela primeira vez, gerenciei uma clínica de estética. De lá para cá, as minhas conquistas profissionais foram rápidas. Até por isso, às vezes, acho que minha história parece um roteiro de novela. Essas conquistas tão grandiosas também são motivo para alguns duvidarem do fato de que o Natalia Beauty Group não tenha sequer dez anos de existência. "Como pode um grupo empresarial tão novo já ter mudado o seu mercado de atuação?", questionam os descrentes. Frequentemente ouço: "Mas será que é tudo verdade o que ela conta? De onde ela veio para conquistar tudo isso? Como ela conseguiu?".

A RESPOSTA PARA ESSAS INCERTEZAS, NÃO TENHO DÚVIDAS, ESTÁ EM MINHA ORIGINALIDADE.

Desde o começo, eu sempre acreditei no meu potencial e no meu jeito de trabalhar, único no mercado. Isso me diferenciou, me fez ser procurada. Mas a verdade é que essa maneira de ser não começou apenas em 2015; ela me acompanha desde o meu nascimento.

Crescer em um ambiente familiar cheio de desafios definitivamente teve um grande impacto em quem eu sou hoje. Mas a verdade é que a vida nem sempre segue um caminho simples, com uma história de superação clara e um final feliz garantido. Ainda estou caminhando e aprendendo, aberta às mudanças que a vida traz. Minha história é bem real, e sei que muitas pessoas no Brasil podem se ver nela também.

Desde o começo, minha família lidou com várias dificuldades, como problemas nos relacionamentos, dependências e questões de saúde mental. Essas situações, embora difíceis, me ensinaram a ser adaptável e a transformar os obstáculos em força. Usei esses desafios para me tornar mais resiliente, determinada e acreditar firmemente que é possível mudar a própria vida, mesmo que o caminho seja complicado.

A JULIA ME DEU FORÇAS

Eu cresci em uma família de portugueses. Meu pai veio para o Brasil, nos anos 1950/60. Como comentei anteriormente, por ser imigrante, ele sofreu muito. A sua adaptação foi difícil, e as possíveis escolhas de trabalho que ele teve foram limitadas. Na verdade, ele nem podia escolher. Tinha de se virar fazendo o que aparecia. Foram anos de trabalho duro e incerteza até ele conhecer a minha mãe e ter condições para montar o seu comércio, o restaurante Amon, na praça Dom José Gaspar, local em que comecei a trabalhar.

Ali, eu aprendi o tamanho e a complexidade de um comércio. O restaurante foi a minha faculdade. Eu cresci naquele self-service e não tive tempo para cursar o Ensino Superior. Por lá, eu fazia o que tinha de ser feito. Aquela rotina era a minha vida, e eu tinha a certeza de que o meu futuro seria no setor de alimentação. Acreditava que trabalharia em restaurante para sempre, mas estava completamente enganada. Essa realidade mudou quando me casei, tive a minha primeira filha e fui morar em São José do Rio Preto.

A vida virou completamente outra, mais incerta, porque eu me sentia insegura profissionalmente. Não era formada, não tinha nenhum curso de especialização, toda a minha experiência profissional era em um restaurante familiar. Em outras palavras, eu era pouco qualificada para tentar um emprego formal. *Qual empresa grande vai me contratar com o meu currículo?*, me questionava. Como já contei a você, eu me via dependente financeiramente e odiava aquela situação.

Eu havia dependido do meu pai quando trabalhava no restaurante, e passei a depender do meu marido, o que era muito pior. Estava insatisfeita. Eu queria e precisava da minha independência financeira.

UM DOS SEGREDOS DAS MINHAS CONQUISTAS É ACREDITAR NAS PESSOAS E COMPARTILHAR HISTÓRIAS.

@NATALIABEAUTY

Afinal, me sentia capaz e com disposição para trabalhar. Não era justo me ver naquela situação de depender de homens, fossem eles quem fossem.

Aquele sentimento de incômodo ficou ainda mais forte depois da minha separação em 2016. Principalmente porque Julia mal tinha 2 anos, e eu sabia que precisaria criá-la sozinha, sem o apoio do meu ex-marido. Foi a minha filha que me deu forças para modificar a minha realidade, para eu tentar algo novo e ir em busca de conquistar a minha autonomia financeira.

"VAMOS MORAR AQUI"

Após o divórcio, voltei a morar na casa dos meus pais e, obviamente, não gostava nada disso. Precisava e queria ter um espaço para mim e para a minha filha. Nós precisávamos do nosso cantinho. Até porque, como ela ainda era bem pequena, não entendia tudo o que estava acontecendo e vivia me perguntando: "Cadê o papai? Cadê o meu quarto? Cadê a minha cama?". Meu coração apertava todas as vezes em que eu a ouvia falar daquele jeito.

Na casa dos meus pais, eu não tinha o meu quarto, ela não tinha o dela, e nós dormíamos juntas em uma pequena cama. Então, como um bebê poderia compreender o que se passava? O que eu deveria responder quando ela me fazia perguntas sem parar? Eu não sabia o que dizer. E fazia o máximo para falar a verdade que, mesmo assim, não era o suficiente. Minha melhor resposta, contudo, era a minha dedicação ao trabalho. Eu estava disposta a mudar aquela situação o quanto antes e só o meu trabalho me faria sair dali. Por isso, às 6h00 da manhã já estava em pé, pronta para atender.

Naquela época, eu ia à casa das clientes. Acordava muito cedo – geralmente antes de o sol nascer – e passava o dia todo na rua, de cliente em cliente, só voltando para casa à noite, muitas vezes perto da meia-noite. Mesmo tarde, era comum ser recebida por minha filha que, ainda acordada, me esperava para me abraçar.

Essa rotina se repetiu por três meses de persistência e trabalho duro. Então, graças a Deus, consegui juntar dinheiro o suficiente para alugar um apartamento. Aquele foi o momento em que me senti pronta para sair definitivamente da casa dos meus pais. E eu nunca vou esquecer o dia em que entrei com a minha filha no nosso apartamento, em meados de 2017.

Eu aluguei um imóvel de quarenta metros quadrados na cidade de São Paulo. Apesar de ser pequeno, era meu. Era o espaço em que podia construir a minha vida com a minha filha. Ao entrarmos, eu olhei para a Julia e falei: "A partir de agora, você e a mamãe vão morar aqui. Essa é a nossa nova vida".

Eu sempre me emociono ao me lembrar daquele instante. Mesmo com pouca estrutura – havia um sofá todo comido por um cachorro e uma cama antiga –, aquele espaço seria meu e dela. Para a gente era muito importante, porque já não precisávamos depender de mais ninguém. O meu trabalho começou a possibilitar que vivêssemos com dignidade. Desde a separação, incluindo os meses em que moramos na casa dos meus pais, eu me sentia muito fragilizada e muito pressionada, com a sensação de que as pessoas me faziam favores – na verdade, era assim que elas se comportavam.

Ao alugar aquele apartamento, o jogo mudou! Eu estava pronta para mostrar ao mundo que o meu trabalho rendia frutos. Que eu, aos poucos, estava a caminho de conquistar a minha tão sonhada independência financeira. De uma vez por todas, eu não teria de depender de mais ninguém para pagar as minhas contas.

O NASCIMENTO DE UMA NOVA TÉCNICA

Rapidamente, eu entendi que se fizesse até dez sobrancelhas por dia, conseguiria pagar o aluguel do apartamento e ainda sobraria dinheiro para alugar uma sala comercial que ficava no mesmo bairro em que moraríamos. Fiz as contas e identifiquei que teria um custo fixo mensal de uns 8 mil reais, considerando outras despesas também, como a mensalidade da escola da minha filha, que sempre paguei sozinha.

À primeira vista, mesmo parecendo um custo elevado para uma autônoma, eu não duvidei de que seria capaz de faturar um valor até mais alto. Eu tenho muita disposição para o trabalho. Então, comecei a atender incansavelmente até desenvolver uma das minhas primeiras técnicas, a do semipermanente.

Antigamente, a micropigmentação era entendida como uma tatuagem, como um desenho mais perene. Mas eu descobri que não precisava ser algo permanente, tão definitivo. Era possível fazer um trabalho em que o desenho da sobrancelha fosse semipermanente. Desse modo, as clientes teriam a opção tanto para a aplicação do serviço nas sobrancelhas quanto nos lábios. Essa técnica me abriu portas, e a minha clientela cresceu da noite para o dia.

Antes da aplicação dessa técnica, as pessoas procuravam designers de sobrancelhas para fazer um procedimento único, com uma aplicação que duraria de dois a três anos, mas havia uma questão a ser ponderada com o uso da micropigmentação. A partir do momento em que ela dura mais de um ano, o serviço realizado vira, de fato, uma tatuagem. Porém, ao longo dos anos, aos poucos, aquela cor utilizada desbotará. Suponhamos que as cores utilizadas para o trabalho tenham sido azul, vermelho e amarelo, com o objetivo de fazer um pigmento castanho. Com o tempo, a coloração azul será a primeira a sair, fazendo com que a sobrancelha fique com um tom avermelhado. Depois, esse avermelhado também desaparecerá, porque o pigmento foi implantado na derme, e a derme não se renova. Por isso, o desenho feito fica como um sombreado, algo sem nitidez.

Com tudo isso em mente e muito estudo, eu descobri que, se implantasse o pigmento entre a derme e a epiderme, a renovação da epiderme faria o pigmento sair, mas o desenho não mancharia, ou seja, as cores não perderiam a nitidez. O outro lado da moeda é que, depois de oito meses, a cliente teria de refazer o trabalho, mas sem passar pelo processo de despigmentação.

Na prática, a semipermanente, que é sustentável a longo prazo, é um processo bom tanto para quem aplica – porque estabelece a possibilidade de um novo encontro com a cliente – quanto para quem faz, pois o resultado é mais duradouro, com melhor efeito. Ao chegar nessa compreensão e ao notar a procura das pessoas pelo trabalho que eu estava oferecendo, percebi a extensão e a importância do flow em minha vida.

O FLOW EM AÇÃO

Em inglês, flow significa se deixar levar, não querer controlar tudo o que acontece. Mesmo quando a gente planeja tudo detalhadamente, é muito grande a possibilidade de as coisas não saírem como o planejado. Por isso, ao se entregar para o flow, a vida ajuda. A gente sente menos culpa por algo não ter saído como o script mandava.

Ao viver em estado de flow, é possível experienciar plenamente as atividades que precisam ser realizadas, porque, na prática, o envolvimento é tão intenso que a noção do tempo é perdida. Mergulha-se em uma experiência única, rica e significativa. Estar em flow é ter um profundo envolvimento e foco em suas atividades, transformando a maneira como a vida é vivida e, consequentemente, proporcionando uma profunda sensação de realização e propósito.

Por fim, as limitações entre a gente (o eu) e as atividades desaparecem, porque encontramos um equilíbrio entre os desafios e as nossas habilidades para lidar com eles. Essa característica aumenta o nosso desempenho e eleva a satisfação pessoal.

Para mim, estar em flow me permitiu explorar o máximo do meu potencial, fazendo com que eu melhorasse constantemente. O flow me trouxe mais felicidade e bem-estar. Eu me descobri.

Descobri que mais do que trabalhar com beleza, eu estava envolvida com a saúde das pessoas, com o autocuidado, com a melhora da autoestima. Ter tido essa consciência contribuiu para aumentar a minha sensação de propósito e me guiou na busca pelos meus objetivos. Muito mais do que aprimorar o desempenho ou atingir as metas planejadas, viver em flow é abraçar o processo, encontrar o significado nas atividades e descobrir uma fonte constante de satisfação interna.

AO BUSCAR O MEU FLOW, EU TRANSFORMO CADA EXPERIÊNCIA DE MINHA VIDA E, PARA MIM, ESSA SENSAÇÃO FICOU MAIS APARENTE DESDE O MOMENTO EM QUE FUI MORAR NAQUELE PEQUENO APARTAMENTO ALUGADO.

A sala comercial em que trabalhava era lá perto, e a escola da minha filha também. Foi como se Deus estivesse fazendo tudo se encaixar, depois de eu ter vivido alguns dos piores meses da minha vida. Ao perceber que estava no meu apartamento, trabalhando com prazer, conseguindo pagar as minhas contas e observando uma demanda reprimida de clientes, tudo isso não tendo ninguém que acreditasse em mim, fiquei em êxtase.

Nos meses em que estava fragilizada, quando tudo parecia dar errado, absolutamente ninguém chegou até mim e falou: "Vai lá! Faz que vai dar certo". Pelo contrário, todo mundo achou que eu iria me dar mal, me frustrar. As pessoas falavam: "Tadinha, não vai fazer sobrancelha"; "Ô, fia, mas isso dá dinheiro?"; "Ah, não vai fazer isso! Volta a trabalhar com o seu pai. Vai fazer uma faculdade".

No entanto, ali estava eu, de pé, mesmo diante de todas as falas negativas, pagando as minhas contas e com perspectiva de crescimento. A minha determinação provou que eu estava certa ao acreditar em mim e, como resultado de meu esforço, eu comecei a ganhar até 12 mil reais por dia.

Meu custo era muito baixo, e eu atendia entre dez e doze clientes diariamente, cobrando 1,2 mil reais por atendimento. Por isso, apenas em um dia, eu conseguia faturar mais do que o meu custo fixo. O restante do dinheiro arrecadado era aplicado e reinvestido. Eu comecei a experimentar com muita força o poder das inúmeras transformações que ocorrem ao longo da nossa vida, mesmo que nem sempre elas surjam de onde esperamos. Geralmente, elas não são nem planejadas. No meu caso, uma história bem inusitada foi a responsável por uma das minhas mudanças profissionais. Por mais inesperado que possa parecer, foi por conta de uma situação triste da minha família que as pessoas passaram a conhecer mais o meu trabalho.

O PODER DAS REDES SOCIAIS

Como já mencionei, minha mãe enfrentava um desafio significativo com o hábito de frequentar bingos. Por anos, nossa família se uniu em esforços para ajudá-la a superar essa dificuldade, mas foi um caminho árduo e, por vezes, sem os resultados esperados. Em um período particularmente preocupante, em 2015, ela ficou ausente por uma semana, nos deixando sem notícias e muitíssimo preocupados. Naqueles dias, a incerteza sobre seu bem-estar nos levou a buscar em todos os lugares possíveis, chegando até mesmo a considerar o pior cenário. Foi um período de intensa angústia para todos nós. Felizmente, em meio a esse momento de tensão, um encontro inesperado com Gabriela, uma influenciadora fitness muito conhecida na época, trouxe um novo rumo para nossa busca. Na época, a Gábi era conhecida por Gabriela Pugliesi, mas hoje ela já não usa mais esse sobrenome em sua identificação.

Ao ver uma foto da minha mãe, Gábi resolveu postar em suas redes sociais sobre o desaparecimento. Ela fez essa postagem por solidariedade, movida pelo incômodo do sumiço. Eu sequer a conhecia, e aquele ato foi fundamental para que a minha mãe fosse encontrada.

Após a postagem, o programa do Datena, *Brasil Urgente*, nos procurou. Eles ficaram interessados em contar a história. Depois que a matéria feita por eles foi ao ar, no dia seguinte da exibição do programa, a minha mãe foi encontrada, completamente desnorteada, a seiscentos quilômetros de casa. Foi um alívio! Graças à postagem da Gabriela e à matéria do Datena, nós a encontramos. Mas eu não tinha tido a chance de agradecer a ela pessoalmente. O tempo passou até que, pelos caminhos misteriosos da vida, em 2017, eu tive a oportunidade de fazer as sobrancelhas da mãe da Gabriela, a Vera. Por um acaso do destino, ela foi à minha sala e eu a atendi. Ao conversarmos, descobri quem era sua filha. Eu me surpreendi e, emocionada, contei a ela a minha história, o fato de ter encontrado a minha mãe por conta de uma postagem da filha dela.

Aquele encontro foi puro acaso, foi o flow da vida em ação. Como não havia conhecido a Gabriela pessoalmente, falei para a Vera que gostaria de encontrá-la para agradecer. Na mesma hora, Vera ligou para a filha e eu conversei com ela. Foi emocionante, e mais um passo dessa história. Vejam como Deus age em todos os sentidos, pois, pela segunda vez, Gabriela foi meu anjo da guarda.

Quando Vera chegou em casa, mais uma vez a Gabriela cruzou o meu caminho. Ela fez uma nova postagem falando de mim, e, dessa vez, sobre o meu trabalho. Junto da mãe, ela fez um vídeo falando sobre as sobrancelhas. Gabriela abriu a postagem perguntando se as pessoas se lembravam daquela menina que a mãe havia desaparecido alguns anos atrás, e finalizou a gravação dizendo que eu havia me transformado em designer de sobrancelhas. Nada disso foi planejado; foi espontâneo e partiu dela. Depois da fala, contudo, o meu telefone não parou mais de tocar. Aquilo foi uma virada de chave em minha vida. Minha agenda, que já estava cheia, ficou completamente lotada. E mais uma vez o flow da vida se fez presente.

O FLOW DA VIDA É UM ESPETÁCULO DE SURPRESAS INFINDÁVEIS NO QUAL CADA MOMENTO DE CERTEZA SE DESFAZ EM HUMILDADE AO RECONHECER O QUANTO AINDA HÁ PARA APRENDER. NAS HORAS EM QUE A DÚVIDA SE MANIFESTA, UM UNIVERSO DE POSSIBILIDADES SE ABRE, ME PERMITINDO ABSORVER SABEDORIA POR MEIO DE PERSPECTIVAS DIVERSAS E ENRIQUECEDORAS. É NESSE BALÉ DE SABER E NÃO SABER QUE DANÇO AO RITMO DA VIDA, APRENDENDO, CRESCENDO E ME TRANSFORMANDO A CADA NOVO PASSO.

@NATALIABEAUTY

07.
O FLOW DA VIDA É SURPREENDENTE

Eu olho para o meu negócio e excluo tudo o que sei sobre ele. Assim, o mantenho em renovação permanente.

O ano de 2017 talvez tenha sido o mais simbólico da minha trajetória profissional. Com certeza, foi um divisor de águas. A partir dessa data, tudo aconteceu em termos de negócios para mim. Foi o ano em que, efetivamente, a minha carreira como empresária deslanchou. Hoje, ao olhar em retrospectiva para aquele período, me sinto muito abençoada por ter tido um começo empresarial tão promissor, apesar de todos os problemas pessoais que havia vivido pouco tempo antes de os negócios começarem a dar certo para valer.

Foi ali que o meu valor profissional começou a ser reconhecido. Parecia que Deus tinha transformado a minha vida em todos os sentidos, e eu passei a acreditar que merecia o sucesso, que merecia ser feliz, que merecia receber bem pelo meu trabalho e que poderia ter a vida que sempre sonhei, mesmo se o mundo se mostrasse contrário aos meus pensamentos e me dissesse que eu não era merecedora, que eu nunca conseguiria realizar os meus projetos. Enquanto eu estive presa a essa crença, as coisas quase não aconteceram – e quando aconteceram, foi com muito esforço, em um percurso cheio de dificuldades. A partir do momento em que eliminei o meu pensamento de menos valia, a minha vida entrou no flow da prosperidade.

Infelizmente, eu tenho um histórico familiar no qual as crenças limitantes são fortíssimas, e foi bem difícil transformar esses valores.

Tive de lutar muito comigo até chegar ao ponto em que posso escrever sobre esse assunto de maneira tranquila, entendendo que ele é parte de um passado distante e que virou um fato isolado em minha vida, algo que não exerce mais nenhuma influência nas minhas decisões atuais ou futuras.

Mas foi muito doloroso sair daquela armadilha. Eu tive de encontrar o caminho sozinha, sem apoio emocional ou financeiro de ninguém. De certo modo, essa condição me fez uma mulher mais experiente, porque tive de me bancar, encontrar por conta própria os meios para conquistar os meus sonhos. Não houve atalhos, não houve dicas nem indicativos dos possíveis erros. Eu tive de aprender na dor, e esse aprendizado me fortaleceu e me fez mais atenta. Compreendi, por exemplo, que o segmento da beleza, como um negócio, passaria a ser o meu porto seguro. Tornar-me designer de sobrancelhas seria uma maneira de sobreviver a todos os contratempos. Aquela decisão não era uma aposta, foi uma certeza.

Eu aprendi na dor, na prática e observando o que dava certo.

Esse modo de aprender me fez desenvolver uma escuta ampliada. Eu gosto de ouvir a perspectiva das pessoas. Em uma figura de linguagem, é como se o meu copo sempre estivesse vazio, assim tenho permanentemente espaço para adquirir conhecimento, para ouvir o que as pessoas têm a me dizer. Essa postura também me levou a um comportamento executivo assertivo.

QUANDO ACHO QUE SEI DE ALGUMA COISA, ENTENDO QUE NÃO SEI DE NADA. QUANDO ACHO QUE NÃO SEI, TENHO OPORTUNIDADE DE APRENDER POR DIFERENTES ÓTICAS.

Na prática, esse comportamento me leva a entrar em contato com as mais distintas referências e me possibilita perceber qual fala e qual ponto de vista fazem sentido para mim e se adequam à minha realidade empresarial. Assimilo as ideias que considero pertinentes, e as demais, deixo de lado. Talvez elas tenham uso em alguma outra circunstância.

É sempre bom lembrar que é fácil alcançar o sucesso; "chegar lá", como se diz popularmente. Difícil é se manter no topo, permanecer no sucesso. Essa manutenção requer atenção e ação. É preciso se rever todos os dias, corrigir rumos, se readaptar, se readequar às demandas. Esse é um dos motivos pelos quais acredito em capacitações constantes. O treinamento é a chave do sucesso para qualquer empresa, e sou muito chata nesse quesito. Constantemente, cobro o meu pessoal pelo treinamento de cada um deles. Em minha empresa, temos uma agenda semanal de treinamentos de cada um dos setores e faço questão de acompanhar a atualização e aplicação dessa agenda.

Quando eu entro em alguma das minhas clínicas, me coloco como uma pessoa que nunca esteve naquele ambiente. Desse modo, me abro para novas sensações, para perceber detalhes. Qual é a impressão que tenho ao entrar na clínica hoje, se eu nunca tivesse entrado em uma das nossas unidades? O que temos de especial? O que pode ser aprimorado e inserido? Levo esse posicionamento a todas as nossas atividades.

Os cursos são outro exemplo. Se eu sou uma aluna iniciante, que não sabe nada do setor nem das técnicas de aplicação em sobrancelhas, o que eu precisaria saber? Qual é o melhor passo a passo? Qual é o caminho para se aprender com mais eficácia? Ter essa postura me faz ser criativa. Estou sempre aberta a rever o modo como agimos na empresa. Esse comportamento, aliás, só reforça o fato de eu ter sido uma pessoa que aprendeu tudo pela prática, no dia a dia, colocando a mão na massa.

RENOVAÇÃO CONSTANTE

Quase todos os produtos e atividades que eu desenvolvo surgem da relação que tenho com os usuários dos meus serviços. Seja pelo diálogo, pela observação ou pela interação nas redes sociais. Para mim, os directs são uma preciosa fonte de aprendizagem. Ali, eu estou em contato direto com as expectativas das pessoas. Elas me falam sobre os seus desejos, se abrem em relação às suas frustrações, reclamam e elogiam. Quanto maior for essa interação, melhor, pois tanto abre a possibilidade de comprovarmos que estamos seguindo o melhor caminho como oferece insumo para modificarmos os erros cometidos. Erros que podem acontecer por um descuido, por uma desatenção, pela falta de preparo.

Eu estou sempre olhando para o futuro. Isso é importante, porque reconheço os meus limites e, a partir deles, planejo uma ação estruturada. Eu vejo para onde o mercado está caminhando e tomo uma decisão para me manter competitiva. Muito dessa postura é decorrente do fato de eu me colocar como uma consumidora que procura sempre o melhor, a novidade, a próxima onda.

De outra maneira, é possível entender o meu pensamento sobre capacitação como se o sucesso fosse algo treinável. A rotina de capacitar cria profissionais mais aptos para conquistar seus objetivos. Por isso, todos os líderes do Natalia Beauty Group são submetidos a capacitações constantes. Todas as empresas do Grupo têm de ter um gestor para liderar seu setor, um profissional que será multiplicador da informação. São esses gestores que vão cascatear o ensinamento. Eles são os porta-vozes do Grupo e ocupam esse lugar porque têm os nossos valores.

Temos mais de trezentos *colablovers*, e ficou muito difícil para mim conhecer todos eles, infelizmente. Gostaria muito de ser mais próxima de cada um dos profissionais, mas as nossas rotinas não nos permitem essa aproximação. Por isso é tão importante estabelecer lideranças em que confio e tê-las alinhadas às diretrizes dos negócios.

Eu costumo dizer que faço "a confusão" e a resolvo. Ao longo dos dias, das semanas, dos meses, eu crio atividades e produtos, mas entre a criação dessa ideia e a existência em si, há um longo caminho de execução. Claramente, eu não sei todos os passos para que esses projetos ganhem vida. Tampouco sei como o outro vai fazer para executar o processo demandado. Entretanto, tenho a absoluta certeza de que, seja qual for o profissional que trabalha no Grupo ou para o Grupo, ele está apto a resolver qualquer questão que lhe for apresentada, por ser extremamente competente.

OUVIR O OUTRO

Eu acredito que todas as pessoas – independentemente da classe social, gênero, raça, credo, ou qualquer outra característica – querem ser acolhidas. O acolhimento é fundamental nas relações humanas e um significativo diferencial em termos corporativos. Hoje, as pessoas têm muita dificuldade em ouvir o próximo. Algumas, inclusive, não ouvem mais ninguém. Tem muita gente preocupada só consigo, com o seu pensamento, com a sua história e com o seu conforto. Parece até que só queremos falar de nós mesmos, da nossa vida, daquilo que fizemos. Mas, se agirmos dessa maneira, como fica o outro? A resposta é simples: o outro não fica. E se ele não fica, não há relacionamento, não há troca, não há diálogo. Como podemos viver dessa maneira? Como podemos agir nos negócios desse jeito?

Particularmente, eu sou uma pessoa que conversa com todo mundo. Eu tento ouvir quem cruza o meu caminho e, geralmente, procuro me colocar no lugar da pessoa antes de falar qualquer coisa. Agindo assim, tenho a certeza de que, em um mundo marcado pela diversidade de pensamentos, experiências e valores, a habilidade de ouvir o outro e de se colocar em seu lugar é um ato decisivo para a construção de relações humanas mais saudáveis, sociedades mais inclusivas e empresas mais lucrativas e prósperas.

O ATO DE VERDADEIRAMENTE OUVIR IMPLICA COMPREENDER, RESPEITAR E CONSIDERAR AS PERSPECTIVAS ALHEIAS, PROMOVENDO UM AMBIENTE PROPÍCIO PARA O DIÁLOGO E A COMPREENSÃO MÚTUA.

Ouvir atentamente é um gesto de empatia e estabelece uma profunda conexão humana. Quando nos dispomos a ouvir o que o outro tem a nos dizer, reconhecemos a validade das suas experiências e sentimentos. Isso cria um espaço em que as pessoas se sentem valorizadas e compreendidas, além de fortalecer laços interpessoais. Ao nos colocarmos no lugar do outro, ampliamos a nossa visão de mundo e a diversidade de perspectivas, enriquecendo nosso entendimento sobre a complexidade das situações e, consequentemente, colocando em xeque nossas certezas e suposições. Esse comportamento é essencial tanto para o ambiente profissional quanto para o pessoal. O contrário, ou seja, a falta de escuta atenta e empatia, por sua vez nos leva a mal-entendidos, conflitos e isolamento.

Ao negligenciar a importância de ouvir o outro, corremos o risco de criar barreiras que podem impedir o entendimento. Em termos de negócio, essa situação é péssima. Eu não canso de repetir sobre essa questão que, para mim, é um mantra necessário: "Ouvir o outro e tentar se colocar no lugar dele". Isso é muito mais do que mera formalidade; é a base para relações pessoais e corporativas saudáveis, para a compreensão mútua, para a criação de sociedades mais justas.

Ao cultivarmos a habilidade de ouvir com empatia, construímos pontes e promovemos um mundo onde a diversidade é celebrada e respeitada.

Na clínica, nossa clientela é bem diversa. Essa, aliás, sempre foi uma das nossas características: a diversidade entre os nossos clientes – que são majoritariamente mulheres, apesar de, a cada dia, a presença de homens ser cada vez maior. Seja quem for, todos os nossos clientes gostam de ser ouvidos. Por isso, uma pergunta básica em nosso relacionamento inicial é: "Como você está hoje?".

As pessoas nos procuram para cuidar delas e, por isso, é importante sabermos como está o humor dos clientes quando estão em nossa frente. Por mais óbvio que essa afirmação possa parecer, algumas pessoas esquecem esse fato, esquecem de se importar com o outro. Certa vez, eu atendi uma empresária importante e quando perguntei como ela estava, ela se abriu comigo de um jeito inesperado. Parecia que só estava esperando que alguém a olhasse de verdade e perguntasse como ela realmente estava.

O nosso encontro aconteceu no fim da semana, e ela me respondeu que a sua semana havia sido bem ruim. Se eu não tivesse sido empática, poderia ter parado o assunto por ali e seguido com o atendimento, mas decidi abrir espaço para ela falar, caso se sentisse confortável, e lhe perguntei se havia acontecido algo em específico, se estava tudo bem em seu casamento, se os seus filhos estavam com saúde. Ela não era uma pessoa do meu círculo íntimo. Até então, nunca havia conversado com ela. Mas, de algum modo, ela se sentiu conectada comigo e decidiu falar sobre o que a afligia naquele instante. Ela sentiu confiança, e esse sentimento deu a oportunidade para a nossa relação se ampliar.

As pessoas têm as suas carências. Temos de estar disponíveis para lidar com essa situação para nos relacionarmos com mais qualidade. Essa disponibilidade não tem hora nem local para acontecer.

Em determinado ano, no Dia das Mães, fizemos uma ação interna no Grupo. No evento, trouxemos para São Paulo a mãe de uma das nossas colaboradoras, que morava no Piauí. Há muitos anos elas não se viam e decidimos promover o encontro entre elas. Foi um acontecimento lindo e emocionante. Nossa colaboradora estava precisando daquele afeto, do abraço da mãe. Então, por que não proporcionar aquele encontro? Como empresa, é fundamental estar atento às questões emocionais de quem está conosco todos os dias. Essa atenção cria um ambiente mais solidário e integrado para todos.

Eu relato essas histórias para dizer que aprendi há muito tempo que a gente precisa treinar e ouvir o nosso sexto sentido. Normalmente, somos familiarizados com as funções dos nossos cinco sentidos: olfato, audição, tato, visão e paladar. Todos já ouvimos dizer que temos bem mais sentidos, inclusive, mas esses cinco são os mais "famosos". Por isso, quando bem utilizados, criamos a condição de acionar um *sexto sentido*, que é como se fosse uma força de atenção, facilitando todos os nossos relacionamentos interpessoais e empresariais também.

Ao despertarmos a nossa capacidade de estar presentes e atentos ao outro, com todas as nossas habilidades sensoriais, entramos em uma conexão mais produtiva e efetiva com o interlocutor. No caso das relações comerciais, é uma habilidade mais do que desejada, porque as vendas serão potencializadas nessa dinâmica. As pessoas interagem em um nível que vai além do racional, possibilitando a compra e a venda. É como se criássemos uma memória afetiva, facilitando a lembrança do seu negócio para a outra parte.

Na prática, os clientes lembram da gente sem quê nem pra quê. Como essa lembrança é ativa, tem grande chance de esse cliente indicar a outras pessoas os serviços, já que toda a relação comercial estabelecida foi positiva, acolhedora. E quando o trabalho está conectado à essência da vida, essa relação tende a ser mais potente.

INTEGRIDADE E TRANSPARÊNCIA

Entendi há bastante tempo que parte do meu trabalho é iluminar o caminho dos outros. Eu não quero brilhar para mim. Não tem a ver comigo, mas com o outro, com a história dele. É como eu posso iluminá-lo. Parte do resultado das minhas atividades profissionais transforma a vida das pessoas. Ao ter consciência dessa função, eu consigo dimensionar a extensão e o tamanho das minhas atividades, o que aumenta a minha motivação e meu pensamento sobre ações sociais. É incrível ter a certeza de que as pessoas estavam conseguindo realizar os seus sonhos por meio da minha atuação. Atualmente, a essência do Natalia Beauty Group gira em torno desse conceito, dessa compreensão. De certo modo, esse pensamento é uma extensão da minha integridade, dos meus valores, de quem eu sou.

Ao longo dos anos, percebi que estou mais transparente comigo, com os meus desejos e limitações. Eu não quero enganar ninguém e esse querer é muito potente. Há uma intenção positiva em minhas atitudes, que gera uma energia de muita força, um retorno muito autêntico e próspero. Como sou bastante conectada com a verdade, essa conexão gera bons frutos. É importante passar pela vida sendo verdadeira, tendo atos coerentes com o seu pensamento. Quanto mais conscientes somos dessa condição, mais a vida flui em uma espiral ascendente de prosperidade.

ESTAR NO FLOW DA VERDADE, DO BEM E DA HONESTIDADE FAZ COM QUE TUDO AO REDOR SIGA UM CAMINHO MAIS LEVE E PROMISSOR.

Eu demorei a ter essa consciência, porque eu venho de um contexto familiar tradicional e estrito. Minha experiência de infância e adolescência foi marcada por uma série de desafios e conflitos. Mudar esse mindset foi bem difícil, mas sem dúvida, ao fazê-lo, conquistei uma nova perspectiva de vida.

Em 2017, eu estava no fundo do poço. Até então, aliás, o fundo do poço era o lugar que eu mais conhecia. Aquilo me fez compreender os meus limites, porque quando tudo o que você tem é o fracasso e tudo está perdido, não há mais razão para se importar com a vergonha. Afinal, não importa mais o que as pessoas falarão de você.

Eu entrei naquele ano endividada e envergonhada. Aliás, ainda vivíamos o começo das redes sociais e parte daquelas dívidas foram expostas pela internet, como tentativa de me constranger, de me humilhar. Algumas pessoas me perseguiram e, pior, havia fundamentos para tal perseguição. Meu carro, por exemplo, estava em busca e apreensão. Recém-divorciada, fui obrigada a voltar a morar na casa dos meus pais. Hoje, entendo que tudo aquilo foi importante para a minha formação. Claro que não quero passar novamente por nenhuma daquelas situações, nem sei se é preciso vivê-las para aprender, mas o fato é: esses acontecimentos fazem parte da minha história e estão ligados ao meu fundo do poço. Vivê-los foi importante, porque tive de entender que ou eu ficaria paralisada naquele lugar ou agiria para tentar sair dele. Portanto, me comprometi a superar a situação.

O segredo para eu ter atingido o meu objetivo de superar situações tão difíceis e incômodas foi o esforço. Tive de aprender a lidar com o risco de outra maneira. Sem temê-lo. Quem está embaixo precisa arriscar. Quem não quer correr riscos se acomoda. Por isso, a minha atitude diante de qualquer momento desfavorável é: "Vamos fazer para mudar o cenário. Vamos correr o risco de dar certo".

Foi assim, me arriscando, que me reergui.

Esse é um dos motivos pelos quais 2017 foi tão especial. Eu não tinha mais espaço para sentir vergonha. Precisava agir. Então, comecei aquele ano sem medo do fracasso. Afinal, eu já havia fracassado. Tudo o que eu tinha de fazer a partir dali era subir, não dava mais para cavar o fundo do poço. Foi então que a compreensão do meu negócio aflorou, e eu entendi que a essência dele estava associada à importância de cultivar a autoestima.

Compreendi que eu não venderia procedimentos de beleza. O meu negócio era a transformação, a construção da autoestima, o olhar para uma beleza real fora dos padrões, respeitando as características e a originalidade de cada um.

ENTENDI A IMPORTÂNCIA DE AS PESSOAS SE SENTIREM BONITAS PELO QUE ELAS SÃO, E NÃO PARA SEGUIR PADRÕES.

Esse pensamento me fez desenvolver técnicas mais naturais e estabeleci um discurso vinculado à minha verdade, à maneira como vejo as coisas, baseada em um movimento de beleza sem padrão. Os clientes começaram a se identificar com essa postura, e a procura pelo meu trabalho aconteceu de maneira orgânica, gradual. É por isso que tanto prezo e respeito as conexões verdadeiras que podem ser estabelecidas em qualquer ambiente.

POR AÍ, PELO MUNDO

Há um teto natural para o crescimento de uma empresa quando ela age sozinha, operando sem parcerias, de modo autocentrado. Se a empresa quiser realmente crescer, ao atingir esse patamar, precisa se libertar do seu ego. Ela tem de deixar de querer ser considerada "a empresa".

Uma cultura organizacional que promove a colaboração procura trabalhar a partir de uma comunicação eficaz, interna e externamente, dando espaço para um ambiente de trocas e ideias. Quem se

O ACOLHIMENTO É
FUNDAMENTAL NAS
RELAÇÕES HUMANAS
E UM SIGNIFICATIVO
DIFERENCIAL EM TERMOS
CORPORATIVOS.

@NATALIABEAUTY

comunica bem abre possibilidades para tomar decisões mais eficientes e a gerar soluções administrativas mais criativas.

Ao falarmos em conexões, estamos falando da construção de relacionamentos significativos e duradouros.

O valor das conexões em uma empresa está em sua capacidade de criar uma rede de apoio, de estabelecer vínculos colaborativos e de presenciar atitudes entendidas a partir da confiança mútua. Essas conexões fortalecem a base sobre a qual a empresa cresce e faz o negócio se adaptar às mudanças e prosperar em um ambiente empresarial competitivo. Diariamente, vivemos esse ambiente de crescimento no Natalia Beauty Group.

Atualmente, temos clínicas de procedimentos e tratamentos de beleza, embelezamento do olhar, lábios e rosto, em São Paulo e Curitiba, e agora estamos, em 2024, expandindo nossa atuação para a Europa – sem contar com os nossos planos bem estruturados para nos fazer presentes também no Oriente Médio.

Seja como for, o importante neste momento é falar explicitamente que o nosso crescimento é baseado em pensar fora da caixa. Tentamos não seguir os padrões estabelecidos pelo mercado. Entendemos os movimentos e as práticas existentes e agimos a partir das nossas necessidades e objetivos, seguindo o flow da vida que se apresenta diariamente.

VIRADA DE CHAVE

Ao abrir a minha primeira sala de atendimento, eu tentei seguir um padrão. Acreditei que o mercado queria que eu agisse de determinada maneira, mas estava enganada e, rapidamente, vivi um momento virada de chave.

É engraçado perceber que temos algumas viradas de chave na vida. Quando esses momentos acontecem, temos a chance de entender a importância de superar a maré de "mesmice". Esse pensamento pode até parecer clichê, mas observe a história de grandes empresas, principalmente as que tiveram um crescimento acelerado. Todas elas pensaram e agiram fora da caixa, diferente dos seus concorrentes.

Paralelo ao meu atendimento de sobrancelhas, eu abri um curso de formação para ensinar as técnicas a quem estivesse interessado em ser designer de sobrancelhas. Essa iniciativa foi responsável por diversificar a minha fonte de renda.

Naquela época, eram poucas as profissionais em atuação nesse segmento. Havia uma demanda reprimida, por isso a iniciativa de dar as aulas. Portanto, eu precisava fazer o material da aula, e o bege era a cor da comunicação visual da maioria das pessoas que atuava nesse mercado. Era um tom pastel, considerado elegante. Como eu também queria ser vista como elegante, encomendei à gráfica que iria preparar o material que o fizesse todo em tons de bege.

Mas qual não foi a minha surpresa no dia em que o meu pedido chegou. Ao abrir os envelopes, me deparei com toda a papelaria cor-de-rosa. Eles erraram e, até hoje, só tenho a agradecer por esse erro. Ao ver tudo impresso em rosa, eu simplesmente amei e decidi adotar a cor. O rosa transformou-se na minha marca. Eu entendi que aquele acontecimento era mais uma evidência do flow da minha vida. E outros estavam por vir.

PARA CADA MULHER, RESSOA UM CHAMADO PODEROSO: NÃO EXISTE SONHO DEMASIADO GRANDIOSO NEM BARREIRA INTRANSPONÍVEL QUE NÃO POSSA SER CONQUISTADA PELA FORÇA DE UMA MULHER DETERMINADA. EM CADA UMA, RESIDE UM PODER IMENSURÁVEL, CAPAZ DE TRANSFORMAR ASPIRAÇÕES EM REALIDADES E OBSTÁCULOS EM DEGRAUS PARA TRIUNFOS EXTRAORDINÁRIOS.

@NATALIABEAUTY

08.
UM CHAMADO PARA CADA MULHER

*Não espere por um salvador, torne-se a heroína.
Não peça permissão, afirme-se. Não deixe o passado definir
o futuro, molde-o com as suas mãos.*

A minha história é o lembrete vivo de que não importa de onde viemos. Na vida, o mais importante é estar no presente e projetar o futuro, planejar a caminhada, olhar em direção aos seus desejos e sonhos e estruturar meios para alcançá-los.

Depois de ter chegado ao fundo do poço e de ter sido desacreditada por quem me rodeava, estar onde estou, ser a mulher que sou, com todas as minhas conquistas profissionais e pessoais, é a evidência mais gritante de que, sim, apesar dos obstáculos que vão surgir ao longo do percurso (e eles vão aparecer com intensidade), mesmo com possíveis erros (que vamos cometer), a nossa realidade pode ser modificada. Ela não é determinada em nosso nascimento. Não pode ser decidida pela sociedade ou por outra pessoa, seja quem for. Podemos sempre superar os desafios que nos atravessam. Enquanto nos mantivermos atentas, persistentes e em movimento, há esperança. Nossos sonhos não têm data de validade, principalmente, quando somos mulheres lidando a todo momento com a presença de alguém que tenta colocar em dúvida o nosso potencial, ou quando os costumes dizem que não podemos ser quem gostaríamos.

É preciso lembrar que a estrutura do trabalho é um reflexo da sociedade e, como mulheres, enfrentamos um conjunto complexo de desafios que dificultam a nossa jornada profissional, ainda mais quando somos talentosas. Em algumas ocasiões, até parece que nos negam o direito de sermos bem-sucedidas profissionalmente e, ao mesmo tempo, exigem que sejamos femininas, sexy, esposas dedicadas e apaixonadas, boas mães, amigas. É como se nos obrigassem a fazer escolhas, porque não podemos ser plenamente quem somos.

Mas eu digo: a gente não precisa abrir mão de nada. Temos de nos organizar e ser solidárias entre nós. Devemos exercer um termo que ganha mais força a cada dia: a sororidade feminina.

A busca por maior equidade de gênero no ambiente de trabalho é uma batalha constante, diária, e está repleta de questões sociais, culturais e estruturais que se colocam como impedimentos às mulheres. Para quem não sabe, ou esqueceu, a palavra equidade significa respeito à igualdade de direitos. Até parece brincadeira que, em pleno século XXI, ainda seja preciso lembrar o fato de que homens e mulheres precisam ser tratados com direitos iguais. Essa situação, que há muito já deveria ter sumido – ou melhor, que nunca deveria ter existido –, em parte acontece porque ainda persiste o estereótipo de gênero. Algumas pessoas acreditam que, por sermos mulheres ou homens, temos de agir de uma maneira considerada padrão, temos de nos moldar às expectativas da sociedade.

Quando nos submetemos a essa situação, ficamos limitadas, nossas escolhas diminuem radicalmente e, em algumas circunstâncias, até deixam de existir. Em se tratando do mundo corporativo, essa história complica muito mais. Nossas carreiras ficam bem mais difíceis. Um fator prejudicial e agravante dessa situação é a falta da representatividade feminina em cargos de liderança.

Como ainda somos poucas em posições de comando de grandes empresas, há uma falta de modelos a serem seguidos. Quando nos faltam exemplos, falta também inspiração. Afinal, se não temos em quem nos inspirar, como podemos acreditar que o sucesso profissional também está disponível para nós? Esse é um dos motivos pelos quais tenho tanto orgulho de falar sobre o meu trabalho.

Neste momento, quantas meninas não estão por aí, olhando para mim e entendendo que elas também podem estar à frente de negócios bem-sucedidos?

Nossa estrutura social ainda favorece o gênero masculino, preservando a desigualdade, criando barreiras para as mulheres alcançarem promoções, oportunidades de crescimento e salários mais justos. E não, a gente não pode se cansar de falar sobre esse assunto até que a situação seja, de uma vez por todas, eliminada. Para superar esses desafios, é essencial um esforço coletivo e contínuo. Temos de encontrar meios de valorizar a diversidade e promover uma cultura organizacional mais equilibrada.

Desafiar ativamente os estereótipos de gênero, criar ambientes de trabalho mais inclusivos e encorajar a participação e a liderança feminina são essenciais para construir um mundo melhor. Quando a sociedade reconhecer, sem restrições nem condições, o valor e a contribuição das mulheres, aí, sim, vamos viver em um mundo onde todos podem ser quem são.

Não há sonho grande demais, nem obstáculo grande demais que uma mulher determinada não possa superar.

A jornada das mulheres no mundo, principalmente no trabalho, requer uma mudança ampla de mentalidade, ações mais inclusivas e um compromisso firme com a igualdade de gênero. Todos só teremos a ganhar quando essas questões deixarem de ser mera intenção e se transformarem em ações reais. E por falar em ações mais inclusivas, eu preciso mencionar o Instituto Natalia Beauty, que está à frente das ações sociais dentro do Grupo.

Nosso Instituto nasceu com o propósito de recuperar a autoestima das pessoas em situação de vulnerabilidade social ao redor do mundo. Entre as nossas ações, oferecemos capacitação profissional gratuita para que as mulheres obtenham a independência financeira e emocional que tanto desejam, alcançando os seus objetivos profissionais e tornando-se protagonistas da própria vida.

O principal objetivo do Instituto é a diminuição das desigualdades sociais, de gênero e de raça. Procuramos reestabelecer a autoestima das pessoas, principalmente das mulheres, que ainda são o nosso maior público de relacionamento e interesse. É preciso lembrar também que, em muitos casos, a questão vai além de reestabelecer a autoestima. É comum encontrar mulheres que nunca tiveram a oportunidade de ter contato com a sua autoestima. Algumas até desconhecem essa palavra. Nesses casos, a ação do Instituto é uma chance de construir essa visão de si mesma, de reconhecer as capacidades e potencialidades individuais de cada mulher.

Eu sempre acreditei que a beleza é um agente transformador. Saindo do senso comum, ela é muito mais do que aspectos da aparência física, uma mera vaidade ou futilidade, como alguns pensam. A beleza revoluciona vidas por ser um catalisador à autoestima. Ela desperta mecanismos de valorização, estabelecendo maior compreensão e expressão do eu de cada um.

A conexão entre beleza e autoestima é profunda. Ao nos sentirmos bem com a nossa aparência, nos tornamos mais seguras, passamos a nos aceitar mais como somos, e esse comportamento favorece o aparecimento de um flow virtuoso no dia a dia.

Quanto mais confiantes nos sentimos, mais atraímos positividade para a nossa vida.

Como a beleza é um veículo de expressão individual, ela facilita a comunicação e a interação com o outro, residindo nesse flow virtuoso. Ao nos sentirmos confortáveis e satisfeitos com a nossa aparência, desenvolvemos uma postura mais segura e uma atitude mais positiva em relação a nós mesmas e ao mundo.

De fato, a beleza abre portas para a realização dos nossos planos. Nesse sentido, além de ser uma fonte de inspiração, a beleza também é uma ferramenta para criar laços e nos conectar com a vida e com quem está ao nosso redor. Ela transcende diferenças culturais e pode, inclusive, nos unir por um apreço compartilhado pela estética e pela expressão visual.

Ao celebrar a diversidade e valorizar diferentes formas de beleza, estamos promovendo a inclusão e a aceitação. Esse comportamento se traduz em um ambiente mais acolhedor, no qual as pessoas se sentem mais livres para serem autênticas e se expressarem sem medo de julgamentos ou estereótipos.

Contudo, é importante lembrar que a beleza não é um padrão definido pela estética. Ela é muito mais um caminho de expressão individual ligado ao autoconhecimento. É original e único. E esse entendimento sobre o belo sempre foi o diferencial do meu trabalho.

Encorajar a autoestima por meio da beleza não significa determinar e impor ideais irreais, inatingíveis ou padrões de estética que só existem nas revistas. Muito pelo contrário, trata-se de cultivar uma mentalidade que celebre o diferente e o único, que promova a aceitação de si como se é, que reconheça a beleza em suas múltiplas formas e expressões.

Ao reconhecermos e valorizarmos a beleza como um agente transformador da vida, temos a chance de construir uma sociedade mais inclusiva e empática, onde cada indivíduo pode se sentir visto pela expressão da sua beleza única.

O BELO NÃO TEM UMA FORMA PREDETERMINADA NEM UM JEITO ÚNICO DE SER.

Por isso, o Instituto Natalia Beauty mobiliza a sociedade, resgatando a autoestima e contribuindo para transformar a vida de mulheres com diversas ações, como as de doação de próteses e nanopigmentação paramédica. Esses dois projetos são muito importantes para mim, pois o impacto deles é enorme e envolve pessoas extremamente vulnerabilizadas em decorrência de questões de saúde oncológicas, ou seja, pacientes que venceram o câncer.

Por meio da anaplastologia, uma área da medicina voltada ao diagnóstico e tratamento de anomalias ou traumatismos da cavidade oral, face e estruturas adjacentes, o Instituto oferece tratamentos de reabilitação de quem está desfigurado nessas regiões. Para esses procedimentos são feitas próteses restaurativas para a recuperação funcional e estética da área afetada.

O Instituto tem um amplo trabalho de doação de próteses de aréolas para mulheres egressas do tratamento de câncer. Ao longo dos anos, milhares de mulheres já foram beneficiadas por essa iniciativa que, no Brasil, não tem restrição de região. Aliás, ela também acontece em outros países.

Já na nanopigmentação paramédica são reconstruídas partes do corpo, como lábio leporino, pequenos vitiligos estabilizados. Esse trabalho do Instituto restituiu a alegria de quem foi beneficiado por ele. Milhares voltaram a sorrir livremente, sem vergonha ou medo.

Nosso propósito é resgatar a autoestima do próximo sem olhar a quem. Todos merecem se sentir bem com a sua aparência e ter qualidade de vida.

Outras ações realizadas pelo Instituto acontecem em parceria com organizações em que são desenvolvidas diversas capacitações profissionais para mulheres vítimas de violência doméstica; ou que estão no sistema prisional, em ação de ressocialização; ou com síndrome de Down.

Os cursos elaborados visam a liberdade financeira das participantes. As atividades são estruturadas para que elas reconheçam o quanto é fundamental o desenvolvimento das suas habilidades socioemocionais, possibilitando, assim, que a vida de cada uma possa fluir de maneira plena. O objetivo é que elas estejam aptas a se inserir no mercado de trabalho, com a capacidade de competir de maneira igualitária com qualquer pessoa em qualquer um dos setores que tiverem interesse em atuar.

O Instituto mantém, ainda, constante negociação para o desenvolvimento de outros projetos de capacitação profissional, a exemplo das tratativas feitas junto à direção da Fundação Casa, em São Paulo, da Casa da Mulher Brasileira e da Penitenciária Feminina Sant'ana. Tudo é pensado para acontecer gratuitamente, a fim de contribuir com a sociedade, profissionalizar pessoas em evidente vulnerabilidade social e focar sempre a geração de renda para que, consequentemente, todos os envolvidos nas capacitações obtenham a tão desejada independência financeira.

Ao longo do ano, o Instituto organiza a distribuição de cestas básicas em comunidades carentes; faz doação de brinquedos e roupas para crianças que vivem em abrigos e de enxoval para recém-nascidos, também abrigados nessas instituições; bem como doa ração em locais de cuidado de animais abandonados; e cobertores, agasalhos, sopas e lanches para pessoas em situação de rua. Regularmente, de acordo com um calendário previamente estabelecido, há o dia da beleza, do afeto e da atenção para quem vive em casas de longa permanência.

Ações de cuidado ao outro impactam positivamente o mundo e são necessárias diante das injustiças sociais existentes.

SONHE. ACREDITE. FAÇA

Eu descobri a minha atuação profissional na prática, vivendo. Esse fato me fez ser uma pessoa sensível às capacitações profissionais, aos cursos profissionalizantes, ao aprendizado de um ofício por sua execução. Ao estarmos expostos ao trabalho, entendemos a profissão de outro jeito. A teoria é importante, ter conceitos sobre o que se faz é significativo, mas a prática dá vida à situação. É o momento em que surgem as dificuldades e quando precisamos da nossa criatividade para interagir com as situações e encontrar saídas adequadas.

Quando eu, por exemplo, abri a minha primeira clínica, me perguntava o tempo todo por qual motivo as pessoas me procuravam. A partir desse questionamento, um dos mais estruturantes da minha ação empresarial, comecei a entender que tudo fazia parte de um conjunto e que os detalhes importavam. Se eu estava trabalhando em um ambiente de beleza, essa beleza deveria se fazer presente de várias maneiras. Era preciso que ela também fosse ouvida, por exemplo. Essa foi a deixa para virar a louca da playlist e, para cada dia da semana, defini uma trilha sonora. Eu só consegui ter esse insight porque estava trabalhando sem parar. Isso me deu uma identidade e eu ampliei essa "identidade" e a elaborei de diversas maneiras. Ela continua em elaboração, sempre se modificando conforme a necessidade.

QUANDO CRIO ALGO, É SEMPRE TUDO MUITO PENSADO, MUITO REFLETIDO.

Na minha carreira, principalmente no início, eu sempre tive um comportamento de querer ser a mulher superpoderosa. Eu precisava ter poderes fora do comum, porque, apesar de ter crescido cercada de pessoas, senti sempre um profundo sentimento de solidão. Eu tinha de fazer tudo sozinha e só tinha a mim para celebrar cada uma das minhas realizações e conquistas.

Naquelas ocasiões, reconhecia o quão foda eu era (e ainda sou). *Eu sou mulher e sou muito boa no que faço*, pensava. Esse pensamento era algo tão mobilizador que, antes da minha vida empresarial se tornar realidade, eu queria que toda a minha empresa fosse composta apenas de mulheres. Das manobristas à diretoria, eu queria que todas as funções fossem ocupadas por mulheres.

Eu cresci ouvindo as pessoas dizerem que eu não tinha tanto valor. Em algum momento, incorporei essa fala à minha essência. Ao amadurecer, foi difícil superá-la. As minhas conquistas me ajudaram a me libertar dessa crença limitante. Só então comecei a me relacionar com a vida de outro jeito, a ver o meu valor e a reconhecer o valor do outro, fosse homem ou mulher. Modificar essa compreensão foi libertador. Nesse sentido, minha relação com Felipe, meu marido, consolidou esse comportamento.

Minha parceria com ele me dá forças. Por vezes, tenho a sensação de que, juntos, somos invencíveis. Ele é parte do meu núcleo na vida e isso me dá muita segurança. Com ele, eu passei a ter estabilidade em todos os campos.

Foi um aprendizado incrível! Se no passado as pessoas me desestabilizavam, me faziam viver em conflito e duvidando do meu valor, com ele passei a existir de outro modo, me sentindo mais forte e capaz. Obviamente, essa parceria se expandiu para os negócios. Pouco tempo depois do início de nosso relacionamento, ele veio trabalhar comigo na empresa. E ele não se juntou ao Grupo por ser o meu marido, mas por ser um profissional qualificado, com uma capacidade singular de execução das tarefas.

A vinda do Felipe também foi muito importante do meu ponto de vista emocional, porque ele me ajudou a superar minhas inseguranças ao me sentir sem mérito em relação a um homem. Em nossa sociedade, acredito que muitas mulheres têm esse sentimento de desvalia profissional ao lado de algum homem. É importante falar sobre esse tema, e exponho a minha história para ser categórica ao afirmar: não acredite nessa situação.

Temos tanto valor profissional quanto qualquer homem. Precisamos reconhecer a nossa potência e vivê-la sem pedir licença.

À frente do Natalia Beauty Group, eu recebo muitas mensagens de homens, mais especificamente de maridos que me questionam sobre algo da profissão, porque as suas esposas demonstram desejo de ingressar no setor ou já fazem parte dele. Claramente, percebo um movimento de casais se unindo para trabalhar em conjunto no setor da beleza. Esse movimento está me fazendo notar que, cada vez mais, as mulheres tornam-se protagonistas da própria vida, e que muitos homens estão deixando de ter medo de ver as esposas brilharem, crescerem profissionalmente e até sustentarem a casa. Afinal, o ganho financeiro do trabalho da mulher pode ser substancial para a renda da família.

O valor para se fazer uma sobrancelha supera em muito o de um salário mínimo. Quem sabe fazer conta aritmética básica percebe o potencial de lucro da nossa atividade. Por esse motivo, entendo que as minhas falas sobre a profissão e o desenvolvimento do mercado são um convite a todas as mulheres que ousam sonhar, a todas que enfrentam desafios, a todas que acreditam no próprio potencial.

A minha história é um chamado para cada mulher. Eu tenho a plena certeza de que, se eu pude fazer tudo o que fiz, você também é capaz de transformar a sua vida e obter o sucesso que deseja e merece. Precisamos nos inspirar e nos apoiar enquanto conquistamos o impossível e moldamos o nosso destino.

SIGA OS SEUS SONHOS COM A FEROZ DETERMINAÇÃO QUE HABITA DENTRO DE VOCÊ. SONHE. ACREDITE. FAÇA.

O PREÇO DE SE ARRISCAR, MUITAS VEZES, SE REVELA COMO A CHAVE DA PROSPERIDADE. O DESFECHO DE CADA DIA É UM MISTÉRIO, E DECISÕES AUDACIOSAS PODEM DESBLOQUEAR PORTAS PARA TRANSFORMAÇÕES INIMAGINÁVEIS. AS VULNERABILIDADES QUE TANTOS TEMEM REVELAR SÃO, NA VERDADE, JOIAS DE AUTENTICIDADE E FORÇA. AO ABRAÇÁ-LAS SEM RECEIO DE JULGAMENTOS, DESCOBRIMOS QUE NOSSA VERDADEIRA VALORIZAÇÃO SURGE DA CORAGEM DE SERMOS POR INTEIRO.

@NATALIABEAUTY

09.
O PREÇO DE ARRISCAR É A PROSPERIDADE

A gente não sabe o que pode acontecer até que o dia termine.

Na minha vida profissional, eu não tive tempo de me planejar. As coisas foram acontecendo e eu segui o flow. Eu sempre tive de contornar situações que surgiram de modo inesperado, principalmente aquelas que apareceram no começo da minha carreira.

Hoje, como a empresa cresceu (e vai crescer ainda mais), até dá para dizer que, sim, eu consigo ter algum tipo de planejamento. Afinal, o meu negócio não existiria se não houvesse uma mínima estabilidade nas ações, se não houvesse previsibilidade de gestão. Entretanto, eu faço questão de colocar em pauta essa questão do planejamento, porque a nossa capacidade de controle e organização sobre as coisas é limitada. Por mais que a gente tente implementar uma organização, que a gente procure ter previsibilidade, a vida nos surpreende, os fatos acontecem sem que possamos fugir deles. Essa é a realidade.

Imprevistos de toda a natureza acontecem e, por mais óbvia que essa afirmação possa parecer, falar sobre isso é importante. Muita gente se esconde atrás do planejamento para justificar a falta de crescimento, para deixar para amanhã o que tinha de ser resolvido no agora, para deixar de sonhar. Muitas vezes, quando as pessoas dizem "Eu tenho de me planejar para fazer minhas atividades", ela está acobertando alguma insegurança, algum medo. Ela quer evitar o erro.

É importante que fique claro: eu não sou contra o planejamento. Sim, ele é fundamental, essencial, ainda mais quando pensamos em gestão. O que eu defendo é que ele não pode ser uma desculpa para não fazer, para evitar entrar em ação. A verdade é que o planejamento é feito e vai se modificando ao longo da ação e das necessidades que surgem. Ou seja, para as coisas funcionarem de verdade, é preciso planejar e executar. É a ação que faz o planejamento ser bem-sucedido. Sem ação, o planejamento não serve para nada.

Eu mesma nunca ouvi falar sobre algo que saiu 100% como planejado. Essa situação simplesmente não existe, já que a vida é imprevisível. E isso acontece porque o planejamento ocorre dentro de alguma circunstância. Sempre haverá mais profissionais envolvidos, ou seja, mais elementos variáveis, e isso torna o cenário como um todo incontrolável. Sendo assim, cabe se perguntar: por que você precisa planejar tudo 100% antes de agir se, ao longo da execução do seu planejamento, as coisas vão mudar? O adequado mesmo é se adaptar durante o caminho, tendo a dimensão de que é sempre preciso recalcular a rota inicial.

EU PENSO, ENTRO EM AÇÃO E SÓ DEPOIS PLANEJO.

Uma das grandes questões para as pessoas é que elas pensam, planejam e não agem, porque no momento da organização enxergam falhas, e quando percebem possíveis inadequações, recomeçam todo o ciclo. Eu o convido a reavaliar a sua atitude, caso você esteja preso nessa etapa de só planejar. Arrisque-se a mudar. Deixe-se levar pelo flow do pensamento e da ação. Permita-se pensar, agir e, no decorrer da ação, elaborar o seu planejamento, entendendo essa parte como algo flexível, como uma instância de acompanhamento do seu fazer.

Não custa nada lembrar que tomar decisões rápidas é uma capacidade importante em qualquer aspecto da vida. Quando temos o poder de uma resposta imediata, de ser ágil e encontrar respostas para as dificuldades que se apresentam, a rotina fica mais dinâmica e mais possibilidades de ação e escolhas se apresentam. Isso faz com que seja possível impactar as pessoas ao redor e mudar com o mundo, sempre em transformação. No contexto social e dinâmico, a rapidez na tomada de decisões é um diferencial entre obter o sucesso ou ficar parado, estagnado.

AS RESOLUÇÕES RÁPIDAS GERAM OPORTUNIDADES, TRANSFORMAM A VIDA POR COMPLETO.

Nos negócios, a capacidade de agir prontamente diante de desafios e oportunidades é essencial para a sobrevivência e o crescimento de uma empresa. Para mim, é claro que empresários e líderes corporativos, ágeis na tomada de decisões, se adaptam mais facilmente às mudanças do mercado, identificam e capitalizam oportunidades emergentes, e resolvem os problemas quando esses ainda estão em fase inicial. Desse modo, eliminam crises antes que elas existam. Ou, no mínimo, diminuem os impactos causados por elas.

Sempre que enfrentei escolhas complexas que surgiram em meu caminho, com respostas rápidas às situações, eu evitei a paralisia e me permiti avançar em direção aos meus objetivos. Decidir com rapidez o que tinha de fazer me abriu portas para novas experiências e aprendizados. Ao mesmo tempo, eu ajustava o meu planejamento de acordo com os resultados que obtinha das minhas ações. Esse comportamento impulsionou (e continua a impulsionar) o meu crescimento tanto pessoal, quanto profissional. Hoje, me sinto muito mais preparada para enfrentar qualquer situação.

LEQUE DE OPORTUNIDADES

As pessoas que me cercam costumam brincar comigo dizendo que levo catorze centésimos de segundo para tomar qualquer decisão. Claro, essa afirmação é uma força de expressão para indicar como eu ajo com rapidez diante das circunstâncias. Mesmo assim, sigo inconformada com esse tempo, e pretendo diminui-lo para tornar as minhas respostas às situações mais ágeis. Eu gosto de lembrar que ser assim, ter respostas rápidas, também revela uma capacidade de visão ampla, de previsão, de enxergar à frente e de compreender as mudanças de cenário. Eu não me apego tanto às questões momentâneas. O que faço é entender o que está acontecendo e, ao mesmo tempo, perceber as possibilidades que surgirão. Ou seja, eu projeto cenários.

É bom lembrar que, em emergências ou situações de crise, a rapidez na tomada das decisões é crucial, decisiva. Na hora da urgência, a capacidade de agir com rapidez e eficiência pode salvar vidas, diminuir danos, reduzir o impacto negativo dos eventos imprevistos.

Por isso é tão significativo afirmar que ser rápido na tomada das decisões está longe de ser impulsivo ou descuidado. É preciso ter agilidade para fazer uma análise cuidadosa das informações disponíveis e, então, agir da melhor maneira possível.

TOMAR DECISÕES RÁPIDAS NÃO SIGNIFICA AGIR SEM CONSIDERAÇÃO; PELO CONTRÁRIO, ENVOLVE A HABILIDADE DE PROCESSAR INFORMAÇÕES RELEVANTES COM EFICÁCIA E AGILIDADE.

Quem toma decisões rapidamente tem uma expressiva capacidade de se adaptar, está propenso ao crescimento e a agir com eficiência. Procurar desenvolver tais características, além de aumentar a habilidade de lidar com desafios, abre um leque de oportunidades que podem levar ao sucesso e à realização pessoal e profissional.

Uma vez, durante uma entrevista em um podcast, me perguntaram o que eu faria se perdesse tudo o que havia construído. Questionaram quanto tempo eu achava que levaria para reconstruir o meu negócio. Fui bastante direta em minha resposta: "Eu levaria meses". Em um primeiro momento, a minha fala surpreendeu os interlocutores. Como assim "meses", já que eu havia levado anos para me estruturar, me questionaram.

Eu não falei daquele jeito para parecer arrogante ou desmerecer os processos que vivi. A minha intenção era dizer que, sim, eu conseguiria me reerguer com mais agilidade, porque hoje eu tenho muito mais experiência. Ou seja, não perderia tempo com determinadas situações e inseguranças que me custaram no passado. E eu me reergueria rápido por dois fatores mais especificamente: eu sou extremamente determinada e não vejo problema em pedir ajuda.

O fato é: eu continuaria a trabalhar incansavelmente, procuraria pessoas que me ajudariam, faria novas conexões, aprofundaria relacionamentos e parcerias. Não teria nenhuma vergonha em dizer: "Eu preciso da sua ajuda".

AS PESSOAS TÊM MEDO DE EXPOR AS SUAS VULNERABILIDADES POR ACHAREM QUE SERÃO JULGADAS E DESVALORIZADAS.

Ao expor nossas vulnerabilidades, agimos com coragem, um ato que vai além da simples revelação das nossas fraquezas. É um gesto de autenticidade e conexão genuína com os outros. Temos a chance de construir relacionamentos mais profundos, amadurecer como pessoas e ainda mudar a sociedade em que vivemos ao fortalecer a empatia.

TOMAR DECISÕES RÁPIDAS NÃO SIGNIFICA AGIR SEM CONSIDERAÇÃO; PELO CONTRÁRIO, ENVOLVE A HABILIDADE DE PROCESSAR INFORMAÇÕES RELEVANTES COM EFICÁCIA E AGILIDADE.

@NATALIABEAUTY

Foi difícil expor as minhas vulnerabilidades e mostrar que eu não era perfeita. Doeu, e de certo modo ainda dói, ao lembrar aqueles momentos de tanta tristeza e desesperança, mas foi a partir da minha fragilidade que consegui construir tudo o que tenho. Ao ser frágil, encontrei as respostas de que precisava.

ESPAÇO DE ACOLHIMENTO

Quando eu estava completamente derrotada, sem ninguém para me dar a mão e me ajudar a me reerguer, eu só pude contar comigo e com a minha força de vontade para enfrentar tudo. Naquele momento, eu aprendi com a dor que, ao compartilhar as minhas vulnerabilidades, permitiria que outras pessoas enxergassem as minhas lutas internas, meus medos e minhas inseguranças. Esse comportamento me aproximou dos outros. Afinal, todos nós temos esses sentimentos.

A VIDA NÃO É FEITA APENAS DE SUCESSOS. AS COISAS NÃO COSTUMAM DAR CERTO O TEMPO TODO, E ISSO NÃO SIGNIFICA QUE TEMOS DE DESISTIR OU QUE NÃO VAMOS CONQUISTAR O QUE DESEJAMOS.

Tenho certeza disto: ao sermos vulneráveis, abrimos espaço para uma conversa mais autêntica e honesta com o outro, permitindo também que as pessoas se sintam mais à vontade para compartilhar as suas vulnerabilidades. Consequentemente, criamos relações mais profundas e significativas. Essa situação estabelece uma base de confiança e intimidade nas relações.

Eu vivo essa situação ao fazer as sobrancelhas de minhas clientes. Ter essa conexão é um dos meus diferenciais profissionais. Sempre foi assim, desde o meu primeiro atendimento. Afinal, reconhecer e aceitar nossos pontos fracos nos torna mais conscientes de quem somos e nos dá a oportunidade de aprender e crescer a partir dessas experiências e trocas.

Mais um ponto importante dessa dinâmica é que quem está falando sobre os próprios medos faz isso porque encontrou um espaço de acolhimento e confiança. Esse ambiente estabelece vínculos duradouros, sejam eles pessoais ou comerciais. No meu caso, como trabalho com pessoas, os vínculos pessoais e comerciais andam de mãos dadas, e o que os deixa equilibrados é o respeito com o qual me relaciono com todos, porque sei o quanto crescemos profissional e pessoalmente ao expor as nossas vulnerabilidades.

Eu faço questão de lembrar a todos que se relacionam comigo que, ao enfrentarmos medos e inseguranças, desenvolvemos resiliência e fortalecemos nossa autoconfiança, o que nos torna mais capazes de lidar com os desafios futuros. Para mim, o desenvolvimento dessas características é potencializado ainda mais pelo fato de eu trabalhar com a autoestima de quem procura a minha prestação de serviço.

As pessoas, muitas vezes, valorizam uma ideia de perfeição inatingível, o que pode nos levar a esconder quem somos. Com o meu trabalho, eu mostro que seguir um padrão para ser perfeito é perda de tempo, algo que só vai trazer angústia e infelicidade. Podemos, sim, procurar evoluir, mas precisamos ser a *nossa* melhor versão. E talvez, ao atingir a melhor versão que podemos ser, encontremos algo próximo da ideia de perfeição. Por isso, ao naturalizar os nossos limites, as nossas vulnerabilidades, contribuímos para a desconstrução de padrões irreais de vida. Essa ação é revolucionária e capaz de criar um ambiente mais inclusivo e empático.

Todos os dias, eu convivo com centenas de pessoas que ficam mais felizes após realizar algum dos nossos procedimentos de beleza. Grande parte dessa felicidade vem pelo fato de elas terem se encontrado com a própria autenticidade. É como se elas tivessem se livrado do peso do julgamento ou da vergonha em um ato de autorrespeito e autocuidado.

É a partir da minha experiência, das minhas vivências, de anos fazendo um trabalho transformador que reflito sobre tudo isso. Ao realizar tantos sonhos, vivo em abundância de amor e prosperidade. Para alguns, até pode parecer estranho que toda essa situação tenha começado quando vivi alguns dos piores dias da minha vida. Quando as minhas fraquezas e vulnerabilidades estavam à mostra para quem quisesse ver. Mas aquele também foi o momento da construção de relacionamentos autênticos, do meu crescimento pessoal, da promoção de uma vida próspera e da capacitação para ser o caminho de transformação de tanta gente.

A minha vulnerabilidade me abriu caminhos para uma conexão mais profunda com a vida. Por isso, os sonhos me motivam.

EU SOU IGUAL A TODO MUNDO

Um belo dia, eu entrei na sala de aula da Natalia Beauty University para dar um "oi" e um beijo nos alunos. De repente, ouvi uma voz que chamou a minha atenção. Do nada, alguém gritou: "Nat, me contrata!". Eu ainda não sabia, mas quem estava fazendo o pedido era Yorlis, uma colombiana que estava morando no Brasil.

O primeiro fato que me chamou atenção naquele pedido foi o sotaque. A fala era de alguém que falava espanhol, não português. Nossos olhares se cruzaram e, intimamente, eu admirei muito a coragem que ela teve ao pedir para ser contratada no meio de todos os outros alunos. Eu admirei a coragem dela de se expor sem vergonha, de perseguir o seu propósito. Ela já havia feito alguns dos nosso cursos, e estava naquela sala de aula para se especializar ainda mais.

Naquele momento, o pedido mexeu comigo. Ela tinha sido tão ousada e firme ao falar que eu, de imediato, a respondi: "Você está contratada. Pode chamar o RH, porque fará parte da nossa equipe". Lembra-se daqueles catorze centésimos de segundo que levo para tomar alguma decisão? Pois é, aquele foi o tempo necessário para eu decidir sobre a contratação dela. Até porque aquela fora uma decisão fácil de ser tomada, já que eu contrato caráter e treino habilidades. Ali, não tive dúvidas de que quem estava me pedindo uma oportunidade de trabalho tinha muito caráter.

Yorlis chorou muito quando a ficha caiu de que a sua ousadia tinha dado certo, e eu também chorei muito abraçando ela, porque me emociono ao ajudar as pessoas. Desde a sua contratação, no começo de 2020, muita coisa aconteceu. E a cada desafio que enfrentamos juntas, tenho cada vez mais certeza de como acertei ao integrá-la à equipe. Nossa jornada prova que ousadia e intuição funcionam muito nos negócios.

Eu sou, sim, empresária e influenciadora. Milhões de pessoas me seguem em minhas redes sociais. Sou palestrante e viajo país afora, conhecendo novas pessoas e tendo a oportunidade de compartilhar a minha história. Mas, antes de tudo isso, eu sou uma mulher que sonha, que tem marido e filhas. Tudo o que construí não transformou a minha essência. Eu sou como todas as pessoas e gosto de me lembrar dessa condição para não me perder. Eu tenho a certeza de que ser uma pessoa simples e batalhadora caracteriza a minha gestão. É o que me faz acordar todos os dias, sair da cama e ir trabalhar como se aquele fosse o meu primeiro dia: com uma imensa vontade de aprender e de fazer dar certo, de ser uma profissional de excelência. Esse meu jeito de ser contagia o Natalia Beauty Group. Nossos líderes se comportam da mesma maneira, e esse perfil está integrando a todos que trabalham conosco. Antes de mais nada, a gente tenta se colocar no lugar do outro, entender a dor ou o desejo de nosso cliente. Esse posicionamento é um modelo de gestão muito forte e transformador.

Eu trato todo mundo do mesmo jeito, respeitando as diferenças e necessidades.

Por mais óbvio que essa afirmação possa parecer, para mim é importante repeti-la. Falar o óbvio muitas vezes é necessário, já que as pessoas insistem em esquecer certos comportamentos básicos. E tem mais: aquilo que é óbvio para mim pode não ser para alguém, para uma quantidade grande de pessoas. Então, é preciso repetir, sim, a sua verdade, o seu entendimento do mundo, a maneira como você compreende o que está acontecendo ao redor.

Em um primeiro momento, até pode parecer sem sentido, mas, ao falar o óbvio, falamos sobre evidências que são quase sempre fundamentais às situações mais complexas dos nossos relacionamentos. Até porque, para começo de conversa, a gente vai estabelecer uma base sólida de entendimento e deixar de presumir que certas informações e valores são conhecidos por todos. Garantimos, assim, que todos estão na mesma página, evitando fofocas e mal-entendidos. E, de uma maneira mais reflexiva e ponderada, ao expormos o que é evidente, temos a chance de descobrir novas perspectivas, desafiando nossas suposições e expandindo o nosso entendimento sobre o mundo, o que nos permite estruturar um conhecimento mais robusto para enfrentar da melhor maneira as tarefas do cotidiano.

A PROSPERIDADE VEM

Eu me lembro do poder de me colocar na vida de uma maneira simples e óbvia quando vesti um pijama para trabalhar. Poucas peças de roupa são tão confortáveis quanto um pijama. Esse é um pensamento óbvio, mas que as pessoas não exercitam por medo de serem julgadas, por deixarem de lado o próprio conforto. Eu tornei um pensamento óbvio, mas que até então era visto com desconfiança, em uma ação especial e significativa, que fez parte das minhas transformações fundamentais e passou a ser uma poderosa marca do meu trabalho, um elo de comunicação entre as pessoas.

QUEM VESTE UM PIJAMA NATALIA BEAUTY SE PERMITE SER A SUA MELHOR VERSÃO E ENTRA PARA UMA FAMÍLIA DE PESSOAS SONHADORAS, OUSADAS, PRÓSPERAS E DETERMINADAS.

Para ser bem honesta, no final do dia, sabe qual é a minha mentalidade? O pensamento básico que está presente em quase todas as minhas ações? Eu penso assim: "Bom, se eu agir, tenho a chance de fazer um negócio dar certo e torná-lo relevante e significativo. Se eu ficar parada, o que pode acontecer? A resposta é simples e óbvia: nada! Nada acontecerá, e continuarei onde estou. Então, qual é o preço de arriscar?". Para mim, tem sido a prosperidade.

A VERDADEIRA ESSÊNCIA DO EMPREENDEDORISMO RESIDE NA INTERSEÇÃO ENTRE A RESPONSABILIDADE E O RESPEITO AO PRÓXIMO, EM QUE A CORAGEM DE ARRISCAR BRILHA MESMO DIANTE DAS INCERTEZAS. É NESSE ATO DE BRAVURA, AO DAR UM PASSO NO DESCONHECIDO, COM A CONSCIÊNCIA DO IMPACTO EM CADA VIDA TOCADA, QUE SE DESENHA O RETRATO DE UM EMPREENDEDOR VERDADEIRAMENTE TRANSFORMADOR.

@NATALIABEAUTY

10. RESPONSABILIDADE E RESPEITO AO PRÓXIMO

O que define o empreendedor é a coragem de arriscar, mesmo quando não se tem certeza de nada.

O pensamento que abre este capítulo é uma espécie de mantra, uma afirmação que me acompanha ao longo da minha vida adulta. Para mim, essa frase faz todo o sentido. Desde o começo da minha vida profissional, eu nunca tive certeza de que as coisas dariam certo ou de qual era o melhor caminho a seguir. Apesar de trabalhar às cegas, por assim dizer, eu nunca parei. Nunca desisti de tentar e de me arriscar. Eu sempre corri atrás dos meus sonhos, sempre tentei transformar os meus projetos em realidade, mesmo quando tudo era desfavorável, quando as coisas anunciavam que dariam errado.

Com o passar do tempo, porém, a confiança na minha intuição (o livro sobre o *flow da intuição* será lançado em breve) só cresceu, porque todos os dias eu observo os resultados acontecerem. Eu vejo a transformação na minha vida e na vida de quem me cerca. É curioso observar esse movimento e entender que esse flow de transformação foi iniciado na cidade de São Paulo, mais especificamente na avenida Rebouças. Foi lá no número 1.481 que a minha coragem de arriscar foi testada e eu provei que, sim, tinha coragem para tal, apesar de não ter nenhuma garantia de que daria certo.

Na época em que montei o Natalia Beauty na Rebouças, eu estava em uma encruzilhada financeira, como já relatei alguns capítulos atrás. Eu tinha uma alta dívida e precisava de dinheiro para injetar no negócio e fazer com que ele andasse. A prudência me mandava pagar as dívidas, mas a ousadia dizia: "Invista no seu negócio para gerar mais dinheiro e ter condições adequadas para pagar aquilo que deve". Era como se eu estivesse ouvindo, ao mesmo tempo, um anjo e um diabo sussurrarem em meus ouvidos. Decidi ser corajosa e acreditar em mim. Investi no negócio e replanejei o pagamento da minha dívida. E, como você já sabe, deu certo!

AS CONQUISTAS DOS EMPREENDEDORES NÃO ACONTECEM AO ACASO. HÁ MOMENTOS EM QUE ELES SÃO OBRIGADOS A SE ARRISCAR PARA REALIZAR, PARA CHEGAR LÁ.

O meu primeiro aluguel na Rebouças foi um daqueles momentos em que a vida pede coragem para arriscar. A partir dali, todo o resto fluiu. Eu consegui aprimorar a técnica de nanoblanding em sobrancelhas e lábios; criei a técnica de nanopigmentação (Nanoblanding Flow Brows), enfatizando a beleza natural das sobrancelhas com linhas fio a fio; estruturei o Natalia Beauty Group; me inseri no mercado internacional; ampliei gigantescamente a minha cartela de clientes; aumentei a quantidade de colaboradores e prestadores de serviços ligados ao Grupo; aprofundei e diversifiquei as formações profissionais; lancei produtos exclusivos; fechei diversas parcerias comerciais; me inseri na comunicação digital, me transformando em influenciadora; fundei a Natalia Beauty University, a primeira escola de beleza e nanopigmentação reconhecida pelo Ministério da Educação; fui convidada para palestrar nos mais diversos lugares do Brasil e do exterior. Ou seja, a minha vida profissional chegou aonde chegou porque lá atrás eu tive a coragem de me arriscar; eu ousei. Claro, essas conquistas são consequências de tudo o

É PRECISO TER DISPOSIÇÃO PARA SE ARRISCAR E SAIR DA ZONA DE CONFORTO. QUEM EMPREENDE INOVA, CRIA.

@NATALIABEAUTY

que vivi até então, mas estou usando o exemplo da casa Natalia Beauty na Rebouças como um símbolo do quanto a ousadia, a coragem nos negócios, são atitudes mais que desejadas e que, quando bem utilizadas, nos rendem frutos além da nossa imaginação.

A CORAGEM É UMA DAS QUALIDADES MAIS IMPORTANTES PARA EMPREENDER.

Faça um exercício de criatividade se você faz parte do mundo do empreendedorismo. Imagine-se como um navegador do século XVI, época em que os portugueses cruzaram o Atlântico e chegaram por aqui, terras completamente estranhas. Ao fazer a travessia de um oceano desconhecido, eles trouxeram na bagagem muita determinação, para dizer o mínimo. Naquela situação, ser corajoso significava mais do que simplesmente enfrentar o medo natural da navegação. Aquela viagem tinha a ver com abraçar o desconhecido e avançar apesar das incertezas. Superar os limites para conquistar o novo.

Os negócios pedem essa atitude. É preciso ter disposição para se arriscar e sair da zona de conforto. Quem empreende inova, cria. Se não houver atitude para enfrentar o medo natural do fracasso, é quase impossível seguir em frente, porque não existe garantia nenhuma de que vai dar certo.

A CORAGEM TEM UM PAPEL DECISIVO NA TOMADA DE DECISÕES.

As escolhas dos empreendedores são sempre difíceis porque qualquer uma pode gerar um imenso impacto nos negócios. E caso elas sejam erradas, podem colocar tudo a perder – isso se o empreendedor não agir rápido para mudar o rumo dos acontecimentos. Mas acredite: confiar na própria intuição e seguir com convicção faz toda a diferença entre o sucesso e o fracasso.

É a capacidade de se manter calmo diante das adversidades e aprender com os erros que permite aos empreendedores superar desafios. Essa postura é fundamental para lidar com os inevitáveis obstáculos e contratempos ao longo do caminho do empreendedorismo. Apenas lembre-se de que esse comportamento não significa ter atos impulsivos ou ignorar os riscos. Tem muito mais relação com estar disposto a assumir as apostas feitas e enfrentar o desconhecido, persistindo diante das dificuldades, transformando sonhos em realidade. Essa qualidade molda um mindset de resiliência e determinação essencial para o crescimento pessoal e profissional, elemento-chave para quem empreende.

O PODER DO RECONHECIMENTO

É preciso lembrar, ainda, que ninguém faz nada sozinho. Cada pessoa traz uma habilidade única para um propósito comum, potencializando o que constrói. Ao nos unirmos com pessoas com interesses e valores semelhantes, juntamos forças que se multiplicam e diluem as nossas fraquezas, estabelecendo infinitas possibilidades para alcançar objetivos maiores do que poderíamos individualmente. Esse, aliás, é um dos motivos para eu investir tanto na formação das pessoas, na profissionalização de quem trabalha em meu setor.

Eu entendi muito cedo que, ao compartilhar o meu conhecimento, eu conseguiria construir um contexto profissional mais forte para mim e para quem se interessasse em aprender as minhas técnicas flow para as sobrancelhas. Também entendi que a formação de turmas para o aprendizado dessas técnicas seria uma diversificação da minha fonte de renda. Eu olhava para as formações como um processo de capacitação técnica das pessoas e melhoria de vida delas, mas também percebia uma dinamização dos negócios.

Naquela época, eram muito poucos os cursos de capacitação para se trabalhar com sobrancelhas. Mais raro ainda era a regulamentação educacional assegurada pelo MEC naquelas formações. Ali, eu percebi a importância de conquistar o reconhecimento do Ministério para a formação profissional. Sabia que essa chancela mudaria radicalmente a maneira como a sociedade nos veria, porque o fato é que não há regulamentação para o trabalho com a micropigmentação no Brasil. Meu sonho, então, era mudar essa realidade, fazer com o que o MEC reconhecesse a importância educacional dessa área.

Poucas pessoas acreditaram em mim ou me incentivaram a buscar a chancela do MEC. Não estranhei. Como sempre, me vejo em alguns momentos tendo de agir sozinha, sem contar com o apoio de ninguém. Por isso, celebrei muito quando, no começo dos anos de 2020, o Ministério da Educação reconheceu oito das nossas formações ministradas por meio de uma extensão universitária na Faculdade de Brasília. Esse fato foi um divisor de águas, um marco que mudou a nossa área, foi quando conseguimos estabelecer certo grau de qualidade para quem quer atuar no setor. É como se tivéssemos separado o joio do trigo, fazendo com que os profissionais qualificados tivessem menos obstáculos para exercer a profissão.

Depois desse acontecimento, passei a receber muitas mensagens me falando de pais que estavam orgulhosos por terem uma filha ou um filho com um diploma universitário. No começo dos anos 2000, isso seria impossível.

Esse respeito pela profissão é fundamental, inclusive, para se pensar em um plano de carreira e projetar rendimentos. As qualificações possibilitam criar tabelas referências de preço mediante à sua formação.

Afinal, para os nossos cursos serem formatados, por exemplo, passaram por uma rigorosa avaliação de horas, de constituição de módulos, de estruturação metodológica, de certificação dos professores. Eles foram elaborados seguindo rigorosamente as determinações do MEC. Nesse sentido, avalie o potencial do mercado e a sua diversificação com a entrada de mais pessoas formadas. Isso aumenta o potencial criativo dos trabalhos e abre possibilidades para atuar em equipe, colaborar, compartilhar experiências, trocar informações. Assim, a gente encontra caminhos para valorizar as diferenças, celebrar a diversidade com conexões genuínas e construir um ambiente de respeito e empatia. Desse modo, desafiamos a ideia de que o sucesso é uma jornada solitária.

O VERDADEIRO SUCESSO NÃO ESTÁ APENAS NAS CONQUISTAS INDIVIDUAIS, MAS NA CAPACIDADE DE CRESCER EM CONJUNTO.

Os trabalhos em equipe são como uma banda na qual os integrantes têm diferentes perspectivas e experiências. É a união das mentes diversas, agindo em colaboração umas com as outras, que estabelece a harmonia, a criatividade e a inovação. Quando unimos forças de trabalho e formações educacionais, abrimos portas para novas possibilidades, desafiamos limites e descobrimos soluções que transcendem o pensamento individual.

Em um mundo completamente intermediado pela tecnologia e pelas redes sociais, tornou-se inevitável dependermos uns dos outros. Assim, a coletividade passa a ser uma ferramenta poderosa para enfrentar e solucionar os desafios mais complexos. Em qualquer campo profissional, os avanços mais significativos frequentemente surgiram da colaboração, da cooperação entre as pessoas e as suas respectivas habilidades. O trabalho conjunto maximiza o potencial de alcançar metas ambiciosas e crescer mutuamente.

JUNTOS SOMOS MAIS FORTES, MAIS SÁBIOS E MAIS CAPAZES DE CRIAR UMA TRANSFORMAÇÃO DURADOURA NO MUNDO.

Outro aspecto importante que percebi promovendo as formações é que não estava ensinando apenas uma técnica. Aquele movimento educacional estava ajudando pessoas a construírem a sua autonomia profissional e a entenderem as suas capacidades individuais. Rapidamente, eu comecei a levar para a sala de aula a ideia de que elas não estavam ali para serem cópias da Natalia Martins. Eu tenho a minha história, e o meu percurso de vida é único e se fez a partir da minha vivência. Cada aluno matriculado na formação teria o caminho, o percurso, as próprias experiências. Em alguns momentos, teríamos semelhanças, claro, mas a história de cada um é singular.

Em outras palavras, eu estava (e estou até hoje) disposta a ensinar uma técnica, a repassar o meu conhecimento. Mas como cada aluno vai utilizar esse ensinamento é uma decisão particular que depende da sua história. Portanto, o sucesso não dependeria de mim nem de ninguém que não do protagonista daquela jornada. Essa maneira de agir era única no mercado, porque, em outras formações, a garantia do sucesso era prometida. O meu compromisso não era assim. A minha promessa como formadora é a de instrumentalizar o máximo possível quem participa das minhas formações, oferecer o mais amplo e diverso conhecimento. É aquela velha história: eu forneço a vara, a linha e o anzol, mas não sou eu quem vai pescar.

UMA EMPRESA DE PROPÓSITO

No setor do design de sobrancelhas, eu tenho muito orgulho de afirmar que criei um modelo, uma metodologia ligada ao conceito de beleza sem padrão. Isso tornou-se um manifesto.

O olhar tem uma expressão muito própria. Ele é um conjunto de situações que se expressa no rosto. Ter um olhar harmônico é fundamental; e o desenho das sobrancelhas é parte essencial dessa história.

Logo no começo da minha carreira, eu entendi a importância de preservar as características individuais de cada pessoa, aquilo que as tornava originais e únicas. Nunca quis deixar, por exemplo, os lados do rosto iguais. Há uma assimetria natural no desenho das sobrancelhas, e sempre busquei preservar essas diferenças. Ao mesmo tempo, eu quero que essas diferenças conversem entre si, que sejam harmônicas. Eu as observo e tento mantê-las. Para mim, isso preserva a beleza de cada um. Eu não acho bonito um rosto simétrico ou "padronizado".

O movimento da beleza sem padrão ganhou muita força em meu trabalho. Ao estabelecer essas práticas de maneira consciente, comecei a me tornar uma profissional autossuficiente, independente. Foi como se tivesse descoberto a minha voz e compreendesse que, a partir desse lugar, eu poderia fazer e conquistar tudo o que quisesse. Ao me libertar da expectativa de que eu tinha de me comportar de determinada maneira no trabalho, a minha potência criativa aflorou.

O Natalia Beauty Group é um Grupo de propósito, e isso é a principal característica que nos faz crescer. Hoje, eu não trabalho mais por mim. Cheguei a um ponto da minha carreira em que posso trabalhar incansavelmente pela transformação que posso possibilitar na vida das pessoas, seja por meio da educação, do estabelecimento da autoestima ou das nossas ações sociais. Esse conceito nos orienta diariamente. Nossa ação é pelo mundo, pela qualidade das vidas que o Grupo impacta direta e indiretamente. Com certeza, esse posicionamento é um dos nossos diferenciais na dinâmica dos negócios, em que a concorrência é acirrada e as estratégias competitivas são constantemente redefinidas. Nossa jornada única surpreende pela singularidade.

NÓS NÃO VENDEMOS APENAS UMA PRESTAÇÃO DE SERVIÇO OU UM PRODUTO. NÓS ABRAÇAMOS UM PROFUNDO PROPÓSITO DE EXISTIR.

A ação do nosso trabalho transforma vidas e gera um impacto positivo na sociedade. Isso porque a gente enxerga as histórias, aspirações e necessidades tanto dos nossos clientes, quanto de quem trabalha conosco direta ou indiretamente. Esse aspecto aparece em todas as fases de nossa operação, principalmente na construção de relacionamentos duradouros, resultando em um diferencial competitivo consistente que vai além das métricas convencionais usadas para definir sucesso. Ao falar desse tema, eu me orgulho em mencionar o Instituto Natalia Beauty, que nasceu de um sonho.

Eu sempre quis ajudar mulheres em situação de vulnerabilidade. Essa vontade, claramente, existe por eu ter sido uma mulher que viveu um contexto de desestruturação emocional. A partir dessa inspiração, em parceria com a Casa da Mulher Brasileira, oferecemos capacitação de design de sobrancelhas para refugiadas, para quem foi vítima de tentativa de feminicídio, para quem deseja encontrar uma profissão para conseguir o sustento financeiro da família. Há ainda os cursos oferecidos em penitenciária feminina, como já mencionei anteriormente. O importante dessas ações é que, por meio da capacitação profissional, tentamos restaurar a dignidade das mulheres. Não cabe a mim julgar atos ou apontar responsabilidades. Esse papel é da justiça. Eu entendo que posso ajudá-las a encontrar um caminho possível para gerar renda e fazer com que elas se percebam cidadãs plenas, com direitos e deveres perante a sociedade. Esse trabalho é um modo que elas têm para se sentir mais uma vez especiais por serem quem são, com as suas histórias e vulnerabilidades.

RESPONSABILIDADE E INTEGRIDADE

A gente precisa parar com essa vontade de ser perfeita o tempo todo. Ninguém é assim. Todo mundo erra. A vida não é feita só de gloriosas vitórias. Na verdade, é com o erro que a gente mais aprende. Ele é uma grande oportunidade de aprendizado desde que não tenha por trás uma má intenção, um desejo secreto para deliberadamente prejudicar alguém.

Algumas pessoas, às vezes, se espantam em minhas redes sociais, porque não tenho vergonha ou constrangimento para abordar assuntos incômodos, para mostrar as minhas falhas. Eu faço postagens refletindo sobre os meus erros por entender exatamente que eles me fortalecem. Eles foram e são mestres em minha caminhada. Eu sempre aprendi com todos eles. Por isso, se tenho a chance de dialogar com milhões de pessoas, opto por ser o mais sincera possível. Por comunicar a minha verdade a partir das minhas vivências.

> **TODO MUNDO ERRA. TODO MUNDO VAI ERRAR. EU VOU ERRAR DE NOVO, E VOCÊ, TAMBÉM.**

Quem reconhece e admite as suas falhas demonstra humildade e se abre para o aprendizado, para o crescimento e para o fortalecimento das relações, sejam elas quais forem.

Ao reconhecermos as nossas falhas, assumimos a responsabilidade pelas consequências de nossas ações. Assim, mandamos um recado direto de que somos capazes de aprender com os nossos equívocos e seguir vivendo da maneira mais acertada possível. Esse comportamento fortalece a confiança dos outros em nossas atitudes, pois adquirimos valiosos insights sobre como aprimorar nossos pontos fracos. Essa reflexão nos permite crescer, evoluir e agir de maneira mais consciente. Por isso, insisto com a ideia de que cada erro traz consigo uma oportunidade valiosa de aprendizado.

Em um ambiente no qual a cultura da culpa é evitada e a honestidade é valorizada, as pessoas se sentem mais à vontade para admitir e corrigir os seus deslizes. Isso gera mais confiança, e, por exemplo, no trabalho, as equipes podem agir de maneira mais colaborativa e produtiva, aceitando o fato de que errar é humano e que o foco deve estar na solução das questões, não na punição ou na caça às bruxas pelos erros cometidos.

Ao expormos e nos desculparmos sinceramente por nossos erros, demonstramos respeito pelos outros e pelo impacto que as nossas ações podem ter causado. Esse fato aumenta a empatia e contribui para uma comunicação mais aberta e saudável.

Portanto, ao abraçarmos nossas falhas como oportunidades de aprendizado, construímos uma base importante para o progresso, promovendo um ambiente mais colaborativo e resiliente. É uma demonstração de maturidade, responsabilidade e respeito ao próximo. Esse comportamento deu muito certo na minha vida... Você tem coragem de tentar também? Fica aqui o convite para você se arriscar a mudar.

AO VESTIR MEU PIJAMA TODOS OS DIAS, TRANSCENDO O COMUM E ABRAÇO SUPERPODERES INIMAGINÁVEIS. CADA FIBRA SE TORNA UM SÍMBOLO DE CONFORTO, DE AUTENTICIDADE E DE LIBERDADE CRIATIVA, TRANSFORMANDO O ORDINÁRIO EM EXTRAORDINÁRIO E PROVANDO QUE A VERDADEIRA FORÇA NASCE NOS MOMENTOS MAIS SIMPLES E GENUÍNOS DA VIDA.

@NATALIABEAUTY

11.
AO VESTIR O PIJAMA PARA TRABALHAR, GANHO SUPERPODERES

A educação transforma, eu tenho certeza.

Eu finalizei o capítulo anterior refletindo sobre como foi importante para mim abraçar os meus erros como uma oportunidade de aprendizado. Com essa atitude, eu tive a chance de entrar no flow de construção de uma vida ilimitada. Eu destaco esse fato porque só quando eu me desfiz das amarras dos meus erros é que fui capaz de me perdoar de verdade. E foi só então que tudo na minha vida mudou.

Eu não escondi as minhas falhas dos outros nem de mim, mas eu também não fiquei venerando cada erro. Esse comportamento foi libertador porque pude falar honestamente para mim o quanto sou uma pessoa maravilhosa, que eu posso ter a vida que sonho em ter, que sou digna e merecedora do meu sucesso. A partir desse entendimento, eu tive a capacidade de imaginar uma vida fantástica, cheia de possibilidades.

Para sermos abençoados com uma vida próspera e abundante, o que a gente precisa mesmo é se desfazer das nossas amarras com os nossos erros porque, do contrário, é difícil acreditar ser merecedora. Esse comportamento me levou a vivenciar a experiência da cocriação. Para quem ainda não é tão familiarizado com esse termo, vale a pena uma breve explicação.

Todos somos capazes de cocriar a nossa realidade, porque ela é um processo individual em que cada um constrói o seu destino em conjunto com o universo, com as energias que o movem. Mas a vontade dessa criação precisa ser honesta e intensa para ocorrer. Eu, por exemplo, imagino a minha realidade e como desejo que ela seja. Ao projetar essa realidade, deposito nesse pensamento a minha intenção mais pura, promovendo uma conexão entre a minha emoção e o meu pensamento. É nessa junção que as minhas realizações acontecem.

EM HARMONIA, NOSSOS SENTIMENTOS, PENSAMENTOS E PALAVRAS TRAZEM O PODER DA TRANSFORMAÇÃO. AO DESEJARMOS ALGO COM PERSEVERANÇA, DEDICAÇÃO E SENTIMENTO, ESSA VONTADE PODE SE TORNAR REALIDADE.

Quando comecei a cocriar a minha realidade, muita gente com quem me relacionava profissionalmente dizia: "Ah, mas eu não consigo ser assim. Eu não consigo me imaginar em um lugar diferente desse em que estou. Aliás, eu nem sei o que quero fazer ou se quero ser diferente ou estar em outro lugar". E foi com essas afirmações que percebi quantas pessoas não sabem o que querem fazer. Para muitos, inclusive, é bem difícil saber quais são os seus desejos mais simples. Há dificuldade para falar sobre um carro que se quer comprar, uma viagem que se quer fazer, decidir um local na cidade para morar...

Eu cansei de ouvir: "Será que isso seria o melhor para mim?". Tantas incertezas, tantas dúvidas, me acenderam um sinal de alerta para uma conduta sabotadora. Não dá para chegar a lugar nenhum sem saber o que se quer, sem ter a noção básica dos próprios desejos, sem expressar de maneira direta e honesta as próprias vontades.

Eu só progredi na vida porque sabia o que desejava. Esse progresso só aumentou quando eu me abri à experiência de cocriar a minha realidade.

Para mim, expressar os meus pensamentos sobre a importância da cocriação é significativo, porque entendo profundamente o poder transformador desse comportamento. Quando entramos no flow da cocriação, embarcamos em uma jornada transcendente de exploração do nosso potencial. Ao trazermos esse conceito para a nossa vida, abrimos as portas para um universo infinito de possibilidades. Afinal, o ato de cocriar se estende a todos os aspectos da existência, nos impulsionando a alcançar novos patamares de evolução.

Uma das belezas desse movimento está no fato de que, a partir de quem eu sou, da minha cocriação, eu estabeleço parcerias mais fortes e a união de pensamentos, visões e atitudes potencializa as nossas mudanças, amplifica as nossas ações. Ao unirmos diferentes perspectivas, habilidades e experiências, chegamos a soluções originais e conseguimos pavimentar novos caminhos.

Na vida pessoal, esse comportamento se traduz em relacionamentos mais profundos e enriquecedores, nos quais aprendemos mutuamente e temos a chance de melhorar por meio do aprendizado conjunto. Já nas questões profissionais, a cocriação tem uma força incomparável para o surgimento da inovação. Isso acontece porque, ao formarmos equipes de trabalho harmoniosas, possibilitamos uma colaboração mais fluída, um momento propício parar explorar ideias, soluções e abordagens que podem transformar setores econômicos inteiros.

A COCRIAÇÃO PERMITE O SURGIMENTO DE PROJETOS REVOLUCIONÁRIOS E A RESOLUÇÃO DE PROBLEMAS COMPLEXOS.

Cocriar nos ensina a importância de desenvolver empatia e respeito. Quando a gente compartilha ideias e trabalhamos em conjunto, aprendemos a valorizar e a compreender diferentes pontos de vista, fortalecendo a capacidade de cooperação e comunicação. Mas cocriar não é um mundo fantasioso em que os problemas não acontecem. É muito difícil lidar com as pessoas, se relacionar. Essa interação é um desafio constante, pois é preciso estar preparado para aceitar as críticas, ter flexibilidade para adaptar-se a diferentes perspectivas. Além do mais, temos de estar comprometidos com o projeto que está sendo desenvolvido para que seja possível se manter focado nas atividades. Esse processo exige paciência e perseverança, e quem desiste fácil não consegue cocriar.

Eu tive dificuldade no começo das minhas cocriações. Achava que o mundo acabaria quando a situação saía do meu controle. Era desesperador, mas o importante naqueles momentos foi entender que a gente não nasce sabendo tudo. Eu não podia me cobrar para ser perfeita o tempo todo, fazer tudo certo e ainda evitar os erros e a falta de compromisso de quem trabalhava comigo.

A GENTE NÃO NASCE SABENDO LIDAR COM AS PESSOAS. ESSE APRENDIZADO É RESULTADO DE UM PROCESSO DE MATURIDADE.

No começo da minha carreira, eu estava aprendendo a ser empreendedora, a me relacionar melhor. Eu era muito explosiva e reclamava constantemente. "Não acredito que isso aconteceu! Que chato o que foi feito." Essas eram algumas das frases que eu mandava constantemente nos grupos de conversa do trabalho. Com o tempo, meu comportamento começou a prejudicar a empresa, porque as minhas colocações geravam pânico entre os funcionários. Eu era a chefe, a dona do negócio, então a minha palavra tinha um peso maior.

Às vezes, eu chegava na recepção da clínica e notava que a luz do LED do letreiro estava apagada e ninguém havia percebido. Imediatamente, eu me aproximava da recepcionista e falava: "Amor, a luz do LED está apagada, você acende, por favor?". Pronto, aquele pedido virava um Deus nos acuda. A recepcionista achava imediatamente que seria demitida por não ter acendido a luz no momento em que precisava. Ela tinha aquela sensação porque era eu quem estava falando. A dona estava "cobrando" algo que não havia sido feito. Aquele desconforto acontecia com frequência entre os funcionários.

Entendi que era preciso diminuir aquela sensação e, para que isso acontecesse, eu tinha de empoderar quem trabalhava comigo. Para facilitar o processo desse empoderamento, eu até me afastei de alguns setores – movimento fundamental, porque, às vezes, as pessoas distorcem o que a chefe diz, e a distorção gera muita confusão na comunicação.

QUEM CRIA UMA EMPRESA SABE A DOR QUE É. DÁ MUITO TRABALHO. É VIVER TODOS OS DIAS 100% PARA AQUELA INICIATIVA.

No meu caso, eu sou como uma leoa porque a minha empresa é como uma filha para mim. Se acontece qualquer coisa a ela que coloque o meu sonho em risco, estou pronta para agir e defendê-la, como uma mãe defende um filho. Não tem como falar para o fundador de um empreendimento não ter esse sentimento. Ele é inato. Existe e ponto. Então, empoderar outras pessoas foi um aprendizado. Foi uma ação difícil para mim e para os funcionários, porque não estávamos acostumados com aquela dinâmica, mas, se eu quisesse que o Grupo crescesse, precisava que os líderes tomassem decisões, que eles tivessem voz e fossem mais atuantes.

AO UNIRMOS DIFERENTES PERSPECTIVAS, HABILIDADES E EXPERIÊNCIAS, CHEGAMOS A SOLUÇÕES ORIGINAIS E CONSEGUIMOS PAVIMENTAR NOVOS CAMINHOS.

@NATALIABEAUTY

Aos poucos, conseguimos mudar o mindset internamente. As lideranças começaram a aparecer e a ocupar as suas posições. Mas claro que isso não ocorreu como em um passe de mágica, foi um processo de acertos e erros até modificarmos por completo aquelas relações. Esse percurso de mudança transformou-se em um grande aprendizado para todos e, acima de tudo, para a consolidação do Grupo e de seus valores.

Ficou evidente que, ao adotarmos a cocriação como uma das formas de gestão, transcendemos as fronteiras do possível, expandimos os nossos horizontes e moldamos um mundo onde a colaboração é a base para o progresso.

A cocriação nos leva a um lugar onde a criatividade floresce, os relacionamentos se fortalecem e o potencial humano evidencia-se, tendo a chance de ser plenamente realizado. Apesar da sua adoção ser uma jornada que nos desafia a funcionar em conjunto, rumo a um futuro mais promissor e inspirador, a gente não pode se esquecer de que somos humanos.

A empresa é um ecossistema vivo, onde há muitas emoções e é preciso ter capacidade para resolver problemas.

Temos de aprender a lidar com as broncas e resolvê-las a todo instante. Não podemos simplesmente abandonar a empresa nas primeiras situações difíceis que surgem. Já pensou se o dono do empreendimento olhasse para os seus funcionários e falasse: "Cansei. Já deu. Vou embora"?

O QUE MOVE A NOSSA VIDA?

Tudo isso eu aprendi vivendo. Eu gostaria muito de ter tido tempo e dinheiro para investir em terapia, coach, consultores de gestão no começo da minha carreira, mas esse não foi o caso. Quando eu comecei o Natalia Beauty Group, eu não tinha tempo, muito menos as condições financeiras ideais para esse movimento. Eu precisava trabalhar e trabalhei incansavelmente. Eu atendia em torno de dezessete clientes por dia, até mais às vezes. Minha rotina era acordar cedo, organizar a casa e levar a minha filha à escola. De lá, eu corria para o meu espaço de atendimento e ficava até às seis da noite trabalhando sem parar. Aquele era o horário em que eu tinha de buscar a Julia, mas depois não a levava para casa. Ela ia comigo para o trabalho, onde eu a deixava brincando, enquanto continuava atendendo as clientes.

Aquela rotina intensa, apesar de desgastante, também foi curativa. Com o passar dos dias, eu fui me curando das minhas feridas, enquanto ajudava outros a se curarem das suas. Aquela relação ficou muito clara para mim, principalmente depois que me perdoei e senti a minha vida se transformar. Ao ver as minhas modificações, percebi que gostaria que mais gente também conseguisse se transformar e, no meu íntimo, eu fiz um acordo: estava determinada a encontrar os meios para ajudar outras pessoas.

Eu senti uma enorme necessidade de ajudar os outros. Essa vontade foi o que me impulsionou a desenvolver a minha metodologia de Flow Brows. Aliás, ela não é uma metodologia só para o trabalho, ela é um jeito de ser em minha vida. O princípio é simples: o que move a nossa vida? Ao refletir sobre esse questionamento, começaram a surgir os insights de cura, de perdão, de tudo. Foi quando eu entendi uma coisa...

PARA NOS CURARMOS DE ALGUMA DOR, PRECISAMOS CURAR O OUTRO.

Esse pensamento, de certo modo, estruturou o desenvolvimento de grande parte dos projetos do Grupo. A promoção que faço de educação no setor é uma maneira de fazer as pessoas encontrarem caminhos para se curarem de suas dores. Os trabalhos mais explicitamente sociais com pessoas em vulnerabilidade em que o Grupo está envolvido são ações diretas desse pensamento. A maneira como buscamos atender os nossos clientes, estabelecendo uma escuta ativa para as suas queixas, é uma maneira de acolher a dor deles e ajudá-los a pensar por outro ângulo. E nada disso precisa ser feito de modo complicado.

Há uma ação muito simples aplicada ao final das capacitações que considero bastante representativa desse movimento de cura, de autoconhecimento e autocuidado. Eu, particularmente, a considero uma poderosa ferramenta de resgate de si, com um impacto gigantesco para mudar o mindset das pessoas que participam dessa incrível dinâmica.

Ao final das capacitações, distribuímos um papel-semente para as participantes, mas não avisamos o que é. Damos um papelzinho branco com um pequeno vaso rosa, cheio de terra. Todo mundo recebe essa lembrança em um saquinho bonitinho, perfumado. Daí, a gente pede para que escrevam em um dos lados os seus medos, as suas inseguranças e o que elas acreditam que impossibilita a realização dos seus sonhos, ou o que as impede de dar o passo seguinte em suas carreiras. Deixamos claro que ali todo mundo é livre para escrever qualquer coisa.

Durante o momento da escrita, criamos um ambiente propício à reflexão com uma música. Uma vez que elas tenham concluído o registro desses fatores estressantes e dificultadores da própria caminhada, mudamos a música e pedimos para que, no outro lado do papel, que ainda está em branco, seja escrito os seus sonhos, os seus desejos, aquilo que as motiva na vida.

Ao finalizar essa etapa, a gente muda mais uma vez a música e pede para que o papel seja picotado. Ele precisa ser rasgado em pedaços bem pequenos para ser enterrado no vasinho e pedimos para aquela terra ser regada diariamente. Depois de alguns dias, eu costumo receber fotos dos vasos repletos de pequenas flores desabrochando.

Essa é uma dinâmica simbólica em que incentivamos os participantes das capacitações a expressar os seus maiores medos para que eles sejam rasgados e enterrados. Para que essas angústias possam se transformar em lindas flores, numa pequena planta que surge da intenção dos sonhos e desejos que estavam ali aprisionados por inseguranças, mas que tiveram a chance de florescer, porque os obstáculos que os impediam de germinar foram rasgados.

Essa dinâmica é incrível, muito linda, simbólica e simples. Ela faz parte da nossa metodologia de ensino e está inserida com outras atividades lúdicas, realizadas como um resgate de diversos aspectos emocionais que estão desequilibrados. Com essas atividades, a gente procura resgatar o inconsciente da criança sonhadora de cada um dos participantes.

Na medida em que crescemos, tendemos a nos esquecer da criança que fomos. Ao esquecer essa fase tão estruturante de nossa existência, é como se a gente se esquecesse dos nossos sonhos, do nosso propósito na vida. A gente deixa de lado o entusiasmo infantil, época em que olhávamos ao redor com esperança e desejo de vida. Por isso, tudo o que é feito nas capacitações é parte de uma estratégia de resgate desse eu interior de cada um dos participantes.

Porém, para que as dinâmicas possam fluir com menos resistência, a gente batizou essa atividade de *marketing dos cinco sentidos*, *marketing da experiência*, porque o ambiente da sala de aula foi montado com essa finalidade. Ele é envolvente e desperta os sentidos das pessoas. O visual das salas é acolhedor, cheio de flores, com predominância do rosa, as pessoas estão vestidas com o pijama, são realizadas atividades lúdicas, há a narração das histórias das fadas, há música ambiente... Para cada dia da semana, tem uma playlist específica, sem contar o cappuccino com Nutella e a aromatização dos espaços, que é parte de uma identidade olfativa nossa, elaborada para relaxar, para trazer as pessoas para o *flow* do agora.

Lá, a magia é acessada pela visão, pela audição, pelo paladar, pelo olfato e pelo tato.

A experiência do tato é surpreendente porque ela acontece por meio do toque na pele, pelo abraço, mais especificamente. E o que percebemos com essa dinâmica é que várias pessoas já não sabem mais abraçar. Ficam incomodadas com o toque, são desajeitadas ao passar o braço pelo outro, demonstram resistência física. O simples ato de abraçar já nos possibilita entrar em contato com um vasto conhecimento do outro, com as suas expectativas e o seu jeito de ser.

Eu ainda me impressiono com a quantidade de mensagens que recebo das participantes descrevendo o quanto os dias da capacitação foram transformadores para elas. O quanto a vida delas tomou outros rumos depois daquelas vivências. Principalmente a afirmação: "Eu nunca vou esquecer o abraço que recebi quando cheguei à clínica". Essa é uma frase muito comum nos feedbacks. Por um lado, tenho muito orgulho de proporcionar uma experiência tão significativa e relevante. Por outro, é muito duro constatar que as pessoas já não se abraçam mais, não se permitem ao encontro. Como pode algo que deveria ser tão natural estar sendo esquecido?

Eu tenho a certeza de que as dinâmicas realizadas trazem de volta a força perdida das pessoas. É como se acendesse nelas um brilho apagado. Elas ficam iluminadas e decididas a fazer algo por si. É um processo muito lindo. Quem participa dessas formações educacionais não está lá para simplesmente aprender uma técnica de design de sobrancelhas, lábios ou pele. Elas vão lá para se reencontrar. Reencontrar os seus desejos, a sua força. Para desenvolver a coragem de perseguir os próprios sonhos e encontrar meios para realizá-los. Quem chega por lá, entra de um jeito e sai completamente modificado, pronto para assumir o papel de vencedor em sua vida, protagonista da sua história, trilhando um caminho próspero. O mindset delas realmente muda.

Se lá atrás alguém tivesse vindo do futuro para me dizer que eu estaria envolvida com tudo isso, eu daria risada na cara desse enviado do tempo. Olharia para ele, com ironia e desdém, e diria: "Acho que você está falando com a pessoa errada". Mal saberia que errada estaria eu.

A TRANSFORMAÇÃO DO MUNDO

Quando o Natalia Beauty Group começou efetivamente a funcionar em 2017, eu estava no fundo do poço e não tinha nenhuma opção na vida. "Você já deu errado", me diziam. Portanto, ou eu fazia algo ou fazia algo. Esse era o fato. Tudo, então, acontecia de maneira desordenada, e eu tentava me moldar aos acontecimentos. Era como se eu fosse uma vela de jangada tremulando conforme o vento. Intuitivamente, criava as situações a partir das minhas vivências e foi essa atitude, graças a Deus, que me fez enfrentar e superar os meus piores pesadelos.

Quando criei os meus cursos de formação de designers de sobrancelhas, entendi alguns dos gatilhos das pessoas. Eu percebia por que alguns não davam certo nas suas atividades profissionais, por que desistiam da área ou nunca obtinham o sucesso desejado. Foi a partir dessas observações, levando em consideração os meus erros e fracassos, que comecei a elaborar estratégias para formatar os cursos. A minha proposta de trabalho foi assimilada com facilidade, e as formações propostas tornaram-se superconcorridas. Eu quase não tinha mais vagas para oferecer nas aulas, até porque fazia tudo sozinha. Foi então que comecei a formar equipes de profissionais para trabalharem comigo. Ali, eu comecei o meu aprendizado como gestora de pessoas no setor.

Eu precisava aprender como tudo aquilo funcionava, já que meu objetivo era impactar a maior quantidade possível de pessoas. Eu tive a clareza de que só conseguiria formar mais profissionais se tivesse ao meu lado uma competente equipe. Deus me ajudou nesse objetivo e identifiquei nas formações quem tinha potencial técnico e mantinha a sua originalidade. Ao perceber esse talento em alguém, eu a convidava a trabalhar comigo e falava que ela seria a minha artista. A partir da formação dos primeiros grupos de artistas, pude ampliar as formações e as turmas aumentaram.

Com o passar do tempo, começamos a formar profissionais-professores para o mercado. Eles não precisavam trabalhar comigo, pois iriam fazer os seus cursos de maneira independente. Esse movimento foi incrível, porque eles estavam aptos a usar as minhas técnicas como referência, mas tinham autonomia para desenvolver um trabalho autoral, encontrando o seu jeito de trabalhar, a "sua mão".

É difícil formar professores porque nem todo profissional, por melhor que seja, tem aptidão para a sala de aula. Aprender é uma coisa. Ensinar o que se aprendeu, com didática e excelência, é outra completamente diferente. Então, nessa formação de professores, a gente, além de ensinar as minhas técnicas, também explica como eles podem formatar os seus cursos, dar vida à sua metodologia. Não canso de falar sobre como sinto orgulho ao relatar essas histórias.

A EDUCAÇÃO É UMA REVOLUÇÃO NA VIDA, E TENHO MUITO PRAZER EM FACILITAR UM POUCO DESSA REVOLUÇÃO NO MEU SETOR.

E tem mais: como um braço dos nossos negócios, a educação tem se tornado uma das nossas atividades mais rentáveis. Isso é muito empolgante, porque podemos quebrar aquele paradigma de que só é possível ajudar ao outro com trabalhos filantrópicos ou voluntários. É óbvio que a filantropia e o voluntariado são importantes e têm o seu espaço de atuação, mas também é possível ganhar dinheiro de maneira ética com iniciativas que transformam vidas. É muito importante que pensemos sobre essa questão porque a demanda educacional, de formação em nosso campo de atuação, é cada vez maior. Mais e mais interessados demandam uma formação de qualidade. Por isso, é preciso existir instituições devidamente capacitadas para atender esse anseio.

Ao relatar tudo isso, é impossível não pensar que, quando visto o meu pijama para trabalhar, eu me encho de superpoderes. Eu tenho a nítida sensação de que sou uma mulher muito mais forte, criativa e audaciosa em meu pijama, que tem o poder de me transformar e fazer com que eu transforme o mundo.

EM UMA SOCIEDADE NA QUAL OPORTUNIDADES SÃO IGUALMENTE ACESSÍVEIS A TODOS, A PRODUTIVIDADE E A INOVAÇÃO FLORESCEM, TECENDO O PANO DE FUNDO DE UMA COMUNIDADE MAIS JUSTA E EQUITATIVA. É NESSA HARMONIA DE CHANCES E CRESCIMENTO COMPARTILHADO QUE CONSTRUÍMOS UM MUNDO NÃO SÓ MAIS PRÓSPERO, MAS PERMEADO DE JUSTIÇA E POSSIBILIDADES PARA TODOS OS INDIVÍDUOS.

@NATALIABEAUTY

12.
DEIXAR DE SER DEVEDORA

O acesso igualitário a oportunidades econômicas, à produtividade e à inovação estabelecem uma sociedade bem mais justa.

Nos dois capítulos anteriores, a educação foi o meu assunto de destaque. Eu poderia ir até o fim do livro refletindo sobre a sua importância. Aliás, eu poderia escrever todo um livro sobre esse tema, porque o entendo como imprescindível. Eu sou uma defensora do processo educacional porque na minha infância e adolescência eu não tive acesso a uma formação de qualidade. Eu concluí com muito esforço o Ensino Médio. Uma série de fatores dificultaram os meus estudos, mas as questões que me impossibilitaram não tiraram de mim a curiosidade pelo novo, a vontade de mudar a minha condição social e econômica, o desejo de aprender.

Eu não sou formada em nada e não tenho um curso universitário. Essa condição não me orgulha, mas assim como tantos outros aspectos da minha vida, ela não me envergonha, até porque eu sempre fui uma mulher que trabalhou muito duro desde muito nova. O trabalho, por sua vez, foi um dos dificultadores durante o meu período escolar. Eu ainda estava no colégio quando trabalhava com o meu pai no restaurante – com certeza, um lugar importante para o meu aprendizado profissional, porque lá eu senti o quanto é fundamental se esforçar, ter foco e atitude para enfrentar a rotina.

Enquanto eu fazia as atividades como caixa, na recepção, pesando os pratos das refeições, indo ao Ceasa para fazer compras, eu me especializava no setor de restaurantes. A vivência me dava o know-how das tarefas e uma noção bem precisa das dificuldades do setor. Mas, uma vez que saí do restaurante, quando me casei com o meu primeiro marido e fui morar no interior do estado de São Paulo, senti o peso da falta de uma titulação, de uma graduação ou da comprovação de uma competência profissional. Meu currículo se resumia a minha experiência no restaurante do meu pai. Ou seja, era bem difícil encontrar uma colocação de trabalho que não fosse no setor de alimentação, principalmente em uma cidade nova, recém-casada e prestes a ter uma filha. Por isso, quando fui obrigada a fazer o curso de designer de sobrancelhas para resolver a questão da falta da profissional que havia nos abandonado na clínica, vi ali uma oportunidade de resolver também a minha questão de empregabilidade. Obviamente, eu substituiria a funcionária em nossa clínica, mas, acima de tudo, eu teria uma formação profissional e estaria habilitada a desempenhar a função onde desejasse.

Aquela qualificação foi decisiva em minha jornada porque me deu autonomia. Como mulher, em um país com índices alarmantes de feminicídio e uma sociedade ainda fortemente machista, ter autonomia financeira é um fator que pode mudar todo o jogo.

A conquista da autonomia econômica pelas mulheres desafia costumes ultrapassados de relacionamentos e constrói uma sociedade muito melhor, mais equilibrada.

Combatemos a desigualdade de gênero quando as mulheres são respeitadas no mercado profissional e passam a ganhar de acordo com as suas competências. Infelizmente, a gente ainda precisa lutar contra muitas injustiças e contra a falta de reconhecimento pelo fato de sermos mulheres. Essa discriminação é inadmissível em pleno

A CONQUISTA DA AUTONOMIA ECONÔMICA PELAS MULHERES DESAFIA COSTUMES ULTRAPASSADOS DE RELACIONAMENTOS E CONSTRÓI UMA SOCIEDADE MUITO MELHOR, MAIS EQUILIBRADA.

@NATALIABEAUTY

século XXI. Como podemos aceitar receber menos quando desempenhamos as mesmas funções que os homens?

São as mulheres a maior parte do meu público de relacionamento. Imagino que este livro também será mais lido por elas. Assim, reforço a importância de sermos financeiramente independentes, de termos autonomia e possibilidades de escolha em nossa trajetória profissional. Nada disso é facilitado para nós ao longo da caminhada. Temos de nos esforçar muito mais e vencer barreiras que aparentemente são intransponíveis. Precisamos reconhecer o nosso valor como indivíduos e como profissionais. Esse reconhecimento parte da gente. Não espere que alguém vá olhar para você e falar o quanto é uma pessoa incrível e uma profissional diferenciada.

Nos cursos que oferecemos, quase a totalidade de quem nos procura são mulheres que estão em busca de uma mudança real e possível. São donas de casa e mães que estão fora do mercado de trabalho há alguns anos e, se percebendo financeiramente improdutivas, querem resgatar a capacidade de gerar dinheiro. Há também quem esteja em transição de carreira, como médicas, advogadas, engenheiras, vendedoras... É evidente que, nos últimos anos, principalmente a partir de 2000, o interesse pela área de beleza cresceu. A cada dia, mais e mais pessoas olham para o nosso setor e percebem oportunidades únicas. Depois do surgimento das redes sociais, esse interesse cresceu muito mais rápido.

ENCONTRE O SEU VALOR

A exposição no mundo virtual faz com que as pessoas queiram estar bem. Elas se veem bem mais do que se viam há vinte anos. Assim, o trabalho de estética foi impulsionado, e eliminar imperfeições tornou-se uma obsessão. É uma questão de autoestima, e autoestima é algo que podemos alimentar, assim como o carinho e o amor. O cuidado é uma das chaves dessa alimentação.

Eu entendi que o cuidado com a autoestima ia além da aparência física. Esse entendimento estruturou a metodologia dos meus cursos da beleza real. Então, as mulheres que nos procuram para aprender as minhas técnicas vêm com o objetivo de se resgatar como um todo. E melhor: elas saem capacitadas para trabalhar e gerar dinheiro. No fundo, saem transformadas porque se reencontraram consigo. Porque entenderam o seu valor.

Em minhas redes sociais, já perdi as contas de quantos stories gravei sobre a importância de a mulher reconhecer o seu valor em todos os aspectos da vida. Esse assunto me empolga! Tenho muita energia para falar daquilo que considero uma verdade poderosa, principalmente se entendemos que esse valor é um diferencial para a precificação da prestação dos nossos serviços.

Eu sempre cobrei um ticket acima da média para o meu trabalho e tenho muito orgulho em falar sobre esse fato, por mais que algumas pessoas me chamem de arrogante por ter esse comportamento.

Em primeiro lugar, eu entendo o meu esforço, o quanto dou duro para aprender e me aperfeiçoar em minhas atividades. Esse investimento e rigidez com que trato a minha formação profissional existe por um motivo: para que a oferta do meu trabalho seja irretocável, seja a melhor possível. Daí, surge uma pergunta natural: quanto custa um serviço bem-feito? É possível colocar preço em algo que terá um impacto único na vida de quem utilizar o serviço?

Eu não tenho dúvidas de que o meu trabalho vale cada centavo investido. Estou muito certa disso. Não sinto vergonha em cobrar os valores que cobro. Considero as minhas habilidades e diferenciais e entendo a potência do mercado em que estou. Diante dessas características, o meu preço é justo e atrativo. Todos podem pagar esse preço?

Não! Mas cada um é responsável por saber da sua condição financeira para adquirir algo, e não cabe a mim forçar o valor da minha prestação de serviço a quem não tem como pagá-la.

A formação do preço da minha prestação de serviço é um reflexo do meu conhecimento, experiência e do valor agregado oferecido, por isso, eu convido você a compreender o seu valor. Quais são as suas competências e como anda o seu conhecimento sobre o que você faz? Procure avaliar a sua experiência, entenda quais são as suas habilidades e tente mensurar a qualidade do serviço que entrega. Essa autoavaliação é fundamental para estabelecer uma referência concreta à composição do seu preço. Nessa equação, não se esqueça do tempo e dos recursos investidos para o aprimoramento das suas habilidades e não se intimide se considerar que o seu preço é mais alto do que o da concorrência. Faça o seu cliente compreender que o serviço que ele está recebendo é único no mercado.

A PRECIFICAÇÃO DO SEU TRABALHO É ESPECIAL PORQUE VOCÊ É ESPECIAL.

Estabelecer o valor da sua prestação de serviço é um processo dinâmico. À medida que você ganha mais experiência, expande as suas habilidades, impacta mais amplamente o mercado, mais chance tem de determinar um preço mais alto.

Você não precisa estar na televisão, ter fama ou ser herdeira para cobrar mais. É totalmente o contrário. Você só vai conseguir cobrar mais quando entender o seu valor na sua realidade. Esse entendimento vai elevar o seu patamar. Eu, por exemplo, no começo da minha carreira, fiz da precificação da minha prestação de serviço um diferencial. Eu nunca baixei o meu preço, mesmo quando estava em uma situação em que parecia ser muito difícil quitar as minhas dívidas. Entretanto, "eu não me deitava", como se diz popularmente. Eu fazia questão de manter um valor mais alto do que o dos meus concorrentes porque entendia que o meu esforço e a minha eficiência valiam isso.

QUANTAS VEZES VOCÊ JÁ PAROU PARA AFIRMAR PARA SI O QUÃO BOA VOCÊ É? CONFIE NO SEU TRABALHO.

Eu sempre usei a intuição para me guiar. Principalmente, no começo de tudo, quando ainda não tinha referências, quando ninguém me conhecia e o setor mal existia. Para responder às demandas, eu era espontânea, me deixava levar pela emoção, fazia um acolhimento sensorial, abraçava as clientes. Basicamente, eu era carinhosa. Pode soar estranho, mas aquele comportamento foi disruptivo, me aproximava de quem me procurava e estabelecíamos uma relação mais afetuosa. Eu era mais lembrada pelo meu jeito educado e amistoso.

E sabe o engraçado disso tudo? Eu agia assim por carência. Era eu quem precisava do abraço, do sorriso, da escuta. Então usei algo muito ruim ao meu favor, mesmo sem planejamento ou estratégia. Simplesmente aconteceu. Só percebi a existência desse movimento com o passar do tempo, quando coloquei a minha vida em perspectiva e pude analisá-la com mais calma.

A VIDA PEDE CORAGEM

Ao lado desse comportamento, houve também a internet. As redes sociais são importantes para mim. Eu estabeleci maior conexão com as pessoas a partir delas, bem como diversifiquei os negócios. Isso aconteceu pelo fato de eu sempre compartilhar as minhas histórias com a maior transparência possível.

Eu usei a internet para me ajudar em minhas atividades. Para mim, o mundo virtual me conecta com as pessoas. Eu não sou uma mulher-maravilha nas redes sociais. Eu não faço só postagens de felicidade ou quando tudo está bem. Por lá, eu também me mostro vulnerável, e essa abertura me conecta com quem me acompanha.

Quem mostra as suas dúvidas, incertezas e questionamentos é alguém muito corajoso, porque é difícil revelar as nossas fraquezas, os medos e as imperfeições, e a maioria das pessoas não está preparada para mostrar esse lado não desejado ao mundo, ainda mais de maneira tão aberta e direta. Porém, essa exposição, longe de ser uma fragilidade, se revela como uma força autêntica que permite criar laços genuínos e aprofundar as nossas relações.

LIDAR COM A VULNERABILIDADE DE UMA MANEIRA MADURA E HONESTA A TRANSFORMA EM UMA FONTE CONTÍNUA DE APRENDIZADO.

Ao admitir as nossas falhas e limitações, criamos espaço para crescer. Essa disposição para reconhecer e enfrentar aquilo que nos incomoda, que nos amedronta, nos torna mais resilientes e abertos a experiências transformadoras. A raiz da transformação da minha história está aí. Está na minha aceitação do que deu errado e na comunicação desses fatos, estabelecendo laços profundos com o outro.

Mas é importante estar atento para não se machucar nesse processo. Nem todo mundo está pronto para nos acolher nesse lugar. Algumas pessoas não estão preparadas para lidar com a intensidade da vulnerabilidade. Muitas vezes, isso acontece porque elas não conseguem lidar com as próprias imperfeições e, por medo de se sentirem expostas, fogem desse diálogo, desse encontro, e podem até acabar julgando quem está se abrindo com elas.

Eu me permiti ser mais humana ao mostrar a minha vulnerabilidade. Com isso, honrei as minhas emoções e abri portas para relacionamentos mais enriquecedores.

Quando paro para refletir sobre como toda essa história repercutiu em meu negócio, só vejo evidências positivas e crescimento, como a internet potencializou a minha voz, me fez ser conhecida por milhões. Desde o começo do meu trabalho, usando as redes sociais, eu consegui construir uma agenda em que havia uma demanda reprimida de clientes. Ou seja, depois de entrarem em contato com a minha história, havia mais pessoas interessadas pelo meu trabalho do que eu tinha capacidade de atendimento.

Rapidamente, cheguei ao meu teto de atendimentos. Na prática, o que significava isso? Aquele cenário indicava a entrada de um volume importante de dinheiro. Todos os dias, eu tinha uma agenda lotada e cobrava 1,2 mil reais por cliente. Aquilo espantava o olho gordo, a descrença, o pessimismo, e comprovava o fato de eu ter dado certo.

Mesmo assim, eu não estava acomodada. Por melhor que fosse aquele retorno financeiro, ele não era suficiente. Eu queria superar os meus limites. O meu desejo era gerar escala no negócio para ganhar mais dinheiro e ter a certeza de que eu não voltaria a viver as situações pelas quais havia passado. Eu só tinha uma saída: precisava profissionalizar a minha gestão e comprar o tempo de outras pessoas. Eu não seria mais só a designer de sobrancelhas que fazia um serviço excelente. Era hora de transformar a minha carreira. Para crescer, eu precisava me tornar uma empresária bem-sucedida.

VOCÊ VAI AMAR O TRABALHO DELA

Comecei, então, a contratar as artistas, mas sabia que só isso não seria o suficiente. Eu precisava criar demanda para elas. As clientes tinham de procurá-las. Tomei uma decisão estratégica: aumentei o valor da minha hora de trabalho e estabeleci outros valores abaixo do meu. Agindo daquela maneira, eu dificultava a minha agenda e, quando as pessoas vinham me procurar, eu oferecia o serviço das artistas. Geralmente, dizia: "Comigo o valor será esse (falava um preço alto) e só tenho agenda para daqui a alguns dias. Mas com a minha artista, capacitada por mim em um curso completo de formação, você pagará esse valor (informava um valor bem abaixo do meu) e ela tem agenda para agora". Se percebesse algum desconforto ou resistência, eu garantia: "Caso você não goste do resultado, fique tranquila, eu faço o seu retoque. Mas garanto: você vai amar o trabalho dela, porque ela é uma excelente profissional e tem a minha total confiança".

Esse diálogo gerava muita confiança, e eu estava completamente segura, afinal, eu conhecia cada uma delas. Eu as havia capacitado e escolhido para trabalharem comigo. Eu sabia do talento delas, como sei até hoje o de todas que me acompanham.

A minha postura levava confiança às clientes e às profissionais, que se sentiam mais comprometidas por me verem acreditando no potencial delas. Algumas semanas após os primeiros atendimentos, as minhas clientes tornaram-se clientes das minhas artistas. A migração para elas começou a funcionar. Elas já chegavam à clínica interessadas em fazer as sobrancelhas com elas. Eu já não era mais a profissional solicitada. Isso foi muito bom, porque foi o momento em que pude começar a me afastar da operação e passar a dedicar mais do meu tempo para outros aspectos do Grupo.

Eu nunca quis trabalhar para ficar só na operação. Eu queria escalar o negócio e ganhar dinheiro. Desde o começo, eu pensava grande.

Era ambiciosa. Queria crescer, impactar mais pessoas, dar cursos, criar produtos, entre outras atividades relacionadas à minha marca. Então me concentrei em fortalecer a marca, porque ela me daria oportunidade para diversificar a minha atuação. Eu poderia fazer o que quisesse.

Quem pretende ser empreendedor ou está começando a empreender precisa compreender algo simples: o que vai trazer dinheiro é a sua capacidade de escalar o seu serviço, independentemente de qual seja. Mas eu sei que escalar é difícil, principalmente se o seu trabalho é personalizado, se o resultado dele é parte do seu envolvimento direto. No meu caso, as pessoas me procuravam para fazer as sobrancelhas delas. O resultado do meu serviço estava ligado a mim e a minha habilidade profissional. A criação dos cursos foi a maneira que encontrei para solucionar essa situação complicada.

AO CAPACITAR OUTRAS PROFISSIONAIS, AO ENSINAR O MEU JEITO DE FAZER ALGO TÃO ESPECÍFICO, EU GARANTI A MULTIPLICAÇÃO DA MINHA HABILIDADE.

Figurativamente falando, era como se eu me transformasse em duas, três, dez, cem profissionais. Era esse o meu pensamento no começo dos cursos. O passo seguinte, porque a minha capacidade de ensinar também tinha limites, foi formar as equipes.

Para isso, eu precisava contratar as profissionais formadas e, com elas, havia outras implicações: precisava contratar recepcionista, pessoal administrativo, da limpeza... É um movimento de causa e efeito. Uma contratação puxa a outra, e isso foi moldando a gestora e empresária que sou até hoje.

A todo momento, eu me lembrava de que não estava simplesmente contratando alguém para fazer a recepção do meu estabelecimento comercial. Assim como as designers de sobrancelhas seguiam um comportamento definido em minha metodologia de trabalho, o restante da equipe também precisava seguir o modelo Natalia Beauty de trabalhar. Era um flow esperado.

Aquelas pessoas também precisavam ser capacitadas, e essa capacitação solidificava os meus valores, o meu modo de ver e entender o mundo. Isso construiu a alma do negócio. E tem mais: enquanto tudo isso acontecia, era como se o mistério da vida operasse em conjunto com as minhas realizações e transformações.

Naquela época, em meados dos anos 2000, o setor da beleza, sobretudo o de design de sobrancelhas, ainda não era visto com um olhar corporativo. Aliás, trabalhar com sobrancelhas era uma atividade que ninguém via sequer como profissão. Era um universo completamente amador. Alguém tinha uma vizinha que ajudava a fazer as suas sobrancelhas, ou uma prima, uma tia, qualquer um.

O surgimento e a estruturação do Natalia Beauty Group ajudaram a modificar esse comportamento. O meu trabalho trouxe o reconhecimento da necessidade de haver um alto nível de profissionalismo nessa função. A formatação da metodologia utilizada, bem como a criação dos produtos, ajudou a criar a noção de mercado. Tudo isso tornou-se referência. E principalmente quando somos mulheres, é preciso estar cercada de boas referências para crescer.

FAÇA O SEU DINHEIRO RENDER

Antes de todo o movimento do Natalia Beauty Group decolar, eu sempre tive um pai ou um marido que procuraram tirar o meu poder de decisão. Para eles, era como se as minhas ideias não importassem, fossem menores ou de segunda categoria. Eles me limitavam. Essa história não é exclusiva minha. Nós, mulheres, a conhecemos desde sempre e elas estão por todos os lados da sociedade. Ainda hoje, muitas de nós sofrem essas relações tóxicas. Ao mesmo tempo, quando me vi no fundo do poço, esses homens que acreditavam ser donos do meu destino me abandonaram. Eu estava na vida sozinha, relegada à minha própria sorte. O que fazer, então, se eu não tinha o básico financeiro para reagir? Eu sequer tinha uma mentalidade financeira para me ajudar a me reerguer. Aliás, esse é outro ponto importantíssimo para refletirmos: o da mentalidade financeira.

Eu cresci gastando o dinheiro do meu salário. Eu trabalhava para comprar e comprar cada vez mais. Não tinha a prática de economizar, muito menos de aplicar os valores que gerava em investimentos. Aquela era uma condição absolutamente distante da minha realidade. Infelizmente, esse comportamento está espalhado. Para muitos, é bem difícil falar sobre orçamento, entender as regras dos gastos, encontrar maneiras de poupar.

Fazer o seu dinheiro render é uma condição influenciada por uma série de atitudes. Entretanto, o que vai impulsionar esse comportamento é qual mentalidade financeira você tem.

Muita gente tem o objetivo de vida de viver de renda. Para alcançá-lo, contudo, é preciso trabalhar incansavelmente com inteligência, sabendo aproveitar as oportunidades e percebendo a sua força de geração de dinheiro. Um dos pontos básicos dessa história é diminuir os gastos. Quando jovem, eu gastava como se não houvesse amanhã. Foi esse comportamento, inclusive, que me levou ao endividamento. Então, o primeiro passo para evitar dívidas desnecessárias é gastar menos do que se ganha. Agindo assim, vai sobrar algo, e esse algo pode ser transformado em investimento. Por mais óbvio que seja essa constatação, muita gente tem dificuldade para assimilá-la, seja por compulsão de compras ou por total descontrole financeiro dos seus ganhos. Para mim, essa assimilação também era difícil até a minha situação de endividamento ficar sufocante.

Muita gente costuma usar a expressão "a água bateu na bunda" para se referir a algo incômodo que precisa ser resolvido. No meu caso, essa "água" me sufocava. Eu estava "afogada". Foi só aí que decidi: "Eu não vou mais dever dinheiro". Precisava me livrar das dívidas, poupar e fazer investimentos para me tornar uma pessoa viável economicamente. *Eu não quero mais continuar sendo uma devedora*, pensava.

Toda a situação que eu vivi foi muito dura, não precisava ter sido assim. Eu não espero que outras mulheres tenham de viver o mesmo. A gente pode fazer uma virada antes de se sentir tão perdida e desesperada. Por isso, a promoção da independência financeira da mulher é tão importante. Se quisermos nos desenvolver como sociedade, temos de criar meios para que todas nós possamos viver com dignidade, sem a opressão de homens.

E aí, você está pronta para essa virada na sua vida?

RECONHECER NOSSA LIMITAÇÃO DE CONHECIMENTO É UM ATO DE HUMILDADE FUNDAMENTAL. DÊ PLENA CONFIANÇA À SUA INTUIÇÃO. ACREDITE NELA COMPLETAMENTE! ESSA É A CHAMA INTERNA QUE NOS CONDUZ PELO CAMINHO DA PROSPERIDADE, ALIMENTADA PELO CORAÇÃO E PELOS SENTIMENTOS MAIS PUROS E VERDADEIROS. AO OUVIR NOSSA INTUIÇÃO, ABRIMOS AS PORTAS PARA UM ENTENDIMENTO MAIS PROFUNDO, NO QUAL A SABEDORIA NÃO SE ENCONTRA NAS CERTEZAS RÍGIDAS, MAS NO SUSSURRO SUAVE E CERTEIRO DA VOZ INTERIOR.

@NATALIABEAUTY

13.
O MERCADO DA BELEZA TEM MUITA FORÇA E ESPAÇO DE CRESCIMENTO

*Temos de ter humildade e reconhecer
que não sabemos tudo.*

Um dos primeiros conselhos que dou aos meus colaboradores, os *colablovers*, ou aos meus mentorados é: "Confie muito na sua intuição. Confie totalmente!". É ela que vai trazer o fluxo da prosperidade para a sua vida, porque a sua intuição é guiada pelo seu coração, pelo seu sentimento mais honesto e íntimo. Por isso, não tem como dar errado quando se age na vida com uma boa intenção, quando o que move você é algo positivo que pode trazer prosperidade para a sua vida e para quem está ao seu lado. Nessas circunstâncias, o divino, o universo, Deus, vai ajudar. Não há como enganar essa força espiritual. Aqueles mal-intencionados que agem por inveja para prejudicar alguém, para tirar proveito, até podem enganar os outros por algum tempo e obter ganhos, mas uma hora a máscara deles vai cair; e não demora para isso acontecer. A gente nunca consegue enganar essa força espiritual presente em nossa vida, assim como não é possível fazer algo ruim, desleal e colher coisas boas dessa ação. A vida não funciona dessa maneira. É por isso que, como gestora, eu costumo dizer que "empurro os meus *colablovers* no penhasco", para que eles possam conquistar o seu espaço e alçar voos com segurança.

Eu acredito no potencial de quem trabalha comigo, na criatividade das minhas artistas e, ao longo dos anos, percebi que muitas delas não acreditavam em si. Elas precisavam de um "empurrão". De um impulso para poderem conquistar novos horizontes.

É muito comum ter medo no começo da carreira. Muitas pessoas não acreditam em si quando ainda têm pouca prática, quando não se testaram o suficiente. Nesses momentos, é normal ter medo do que virá, ficar inseguro, mas é exatamente por essa insegurança que eu não espero que o profissional acredite que está 100% pronto. Até porque, na realidade, a gente nunca está completamente preparado. Podemos até ser a melhor versão possível no momento, mas devemos viver em constante aprendizado. Estamos sempre em construção. Por isso, quando eu identifico que as minhas artistas já dominam as técnicas, quando percebo que já conseguem resolver questões sutis do trabalho, eu as "jogo no penhasco", e elas percebem que podem voar. Esse é um momento muito empolgante.

A CONFIANÇA NO OUTRO É FUNDAMENTAL EM QUALQUER RELAÇÃO.

Gestores que confiam em seus colaboradores e os incentivam a exercer funções com autonomia promovem um ambiente de trabalho saudável, impulsionam o crescimento e o sucesso da equipe e da empresa. Afinal, a confiança é a base de um relacionamento saudável e produtivo.

Para mim, esse "jogar no penhasco" tem a ver com o fato de eu acreditar nas habilidades, nas competências e no julgamento de quem eu vi se colocar em um processo de aprendizado e prática de sua função. Ah, e recebo muitos retornos positivos. Algumas me falam, com entusiasmo, que são eternamente gratas por esse impulso. Era o que faltava para elas terem coragem para se arriscar, para fazer o que se preparam para fazer. Com esse movimento, o ambiente de trabalho fica muito melhor, mais vibrante.

Ao se sentirem autônomas, elas se apropriam da liberdade que lhes é dada para tomar decisões e agir conforme as demandas. Esse sentimento desperta a sensação de pertencimento e promove um senso de dono. Consequentemente, elas ficam mais proativas, criativas e inovadoras nas resoluções das tarefas. E tem mais: elas sabem que podem sempre contar comigo. Eu estou ao lado delas para dar suporte e ajudar se preciso. Agindo dessa maneira, ao longo dos anos, eu tenho acompanhado uma profunda transformação na autoestima dessas mulheres, e é muito gratificante vivenciar isso ao lado delas.

O FLOW DA CONFIANÇA

Como empresária, um dos meus maiores desafios é formar líderes aptos e conectados à minha mensagem para que eles se transformem em multiplicadores do meu pensamento, do meu modelo de trabalho, tanto internamente no Grupo quanto junto ao nosso público de relacionamento. Para lidar com esse desafio, eu tento ser o mais criativa possível, porque tenho o objetivo de comunicar a minha mensagem de uma maneira que as pessoas possam entendê-la sem dificuldades. Afinal, cada um vai recebê-la de um jeito. Aqui, entra um exercício bem interessante de abrir mão do ego, de entender que você não está sempre certa. Afinal, se eu quiser que a minha mensagem de fato seja ouvida com clareza, eu preciso me moldar à comunicação do outro. Eu preciso estar aberta às diferenças para que a minha comunicação seja segura, assim amplio as minhas chances de fazer esse movimento acontecer da melhor maneira possível e de formar o líder que desejo.

EU SOU CENTRALIZADORA. CONFIAR NAS PESSOAS FOI UM PROCESSO DE SUPERAÇÃO NESSA CONSTRUÇÃO DE LIDERANÇAS.

Como uma boa centralizadora, eu tinha insegurança se a pessoa faria o trabalho da maneira correta. Era muito inexperiente em gestão e tinha poucas ferramentas para lidar com essa situação. Eu tinha medo de não saber resolver as questões que poderiam aparecer. Mas, para dar certo, era preciso confiar no processo e acreditar que, sim, as pessoas alcançariam um bom resultado.

A gente precisa respeitar o processo de aprendizado de cada um dentro do negócio, principalmente no início. Esse é um momento em que é necessário administrar as expectativas, abaixar a régua das exigências para nivelar o trabalho e, a partir desse lugar, fazer com que ele cresça. Falando assim parece fácil, mas, para mim, a compreensão desse conceito foi demorada. Eu levei muito tempo para assimilá-lo, aceitá-lo e colocá-lo em prática. Na medida em que fui me tranquilizando com essas necessidades, o processo começou, aos poucos, a entrar em flow. Paralelo a esse movimento, ainda é preciso ter clareza de que aquilo que trouxe você até determinado patamar da profissão pode não o levar mais adiante. É o estabelecimento dos novos processos que tem esse poder. São as novas conjunturas formadas que vão impulsionar você. Mais uma vez, é preciso confiança, muita confiança para acreditar nessa teoria. Acima de tudo, tem de estar preparado para abandonar o ego. Esse "abandono" não é um perda ou uma fragilidade. Na verdade, ele dá forças e potencializa as suas relações.

O empreendedor de sucesso tem capacidade de gestão de pessoas e de transmissão da sua cultura, da sua visão de mundo e de valores para os seus *colablovers*.

ATENÇÃO VINTE E QUATRO HORAS

Eu poderia ter continuado a minha carreira profissional como uma ótima designer de sobrancelhas. Estaria rica e continuaria trabalhando individualmente, mas esse nunca foi o meu plano, não era o meu desejo. Portanto, escolhi escalar a minha atividade; essa escolha nunca é um processo fácil. É preciso muita energia e foco, e entendo que o meu diferencial nessa jornada foi a minha intuição, a minha intenção de ser proativa e próspera coletivamente.

Para correr atrás da falta de formação, passei a ler vários livros sobre negócios e gestão, sobre pensar grande. Essas leituras foram decisivas, principalmente ao se considerar a minha história.

EU VIM DE UM UNIVERSO EM QUE SE PENSAVA MUITO PEQUENO. AS PESSOAS SE CONTENTAVAM COM MUITO POUCO.

Cresci na região metropolitana de São Paulo, na cidade de Osasco. No bairro onde vivia, não existiam muitas oportunidades. Não tínhamos nenhum acesso a cinemas, livrarias, escolas de qualidade... tudo era distante. De lá, fui para o interior do estado com pouquíssimo repertório educacional e de negócio. Eu não sabia nem o que era escala, nunca havia entrado em contato com teorias modernas ou disruptivas de gestão. Simplesmente aquilo não fazia parte da minha vida. Eu só tinha a mim, às minhas necessidades e à minha intuição. Por esse motivo, eu valorizo tanto o processo de estudar, pois ele revolucionou a minha história.

Quando comecei a aprender, entendi que poderia me tornar uma pessoa melhor, acreditei nesse *feeling* e me joguei no trabalho para construir a profissional que queria ser. Veio daí todas as minhas decisões terem se baseado na minha intuição, na observação atenta dos acontecimentos, na ação e na coragem de tentar mesmo errando.

Também desenvolvi o hábito de assimilar a maneira como qualquer negócio se organiza, não importa qual. Se entro em um restaurante, eu

O EMPREENDEDOR DE SUCESSO TEM CAPACIDADE DE GESTÃO DE PESSOAS E DE TRANSMISSÃO DA SUA CULTURA, DA SUA VISÃO DE MUNDO E DE VALORES PARA OS SEUS *COLABLOVERS*.

@NATALIABEAUTY

observo como os garçons trabalham, como os ambientes estão construídos, o motivo da disposição das mesas. Se vou à uma loja, observo o atendimento das vendedoras, as roupas que usam, como a comunicação visual da marca é feita.

Ao termos noção de aonde queremos chegar, podemos construir um negócio gigante. O primeiro passo para essa construção é pensar grande, ter um pensamento que não fique preso em caixinhas.

Eu aprendo vivendo, experenciando, me permitindo.

SUBVERTENDO OS PADRÕES

Grande parte das pessoas é criada para encontrar um emprego que lhes traga estabilidade. Para alguns, se essa colocação for em uma empresa pública, melhor ainda, porque haverá uma estabilidade eterna. A vida do empreendedor não é assim. Não dá para ter essa previsibilidade de que no final do mês o dinheiro vai cair na conta, faça chuva ou faça sol. Empreender tem a ver com arriscar-se, com entender os processos de venda, ajudar o próximo, identificar as necessidades. É preciso pensar em expansão, um processo de ação completamente diferente que demanda muito esforço. Por outro lado, quando as coisas começam a acontecer, as recompensas vêm na mesma proporção.

Outro ponto importante dessa caminhada empresarial é a ajuda que se tem para começar a empreender. Como eu não tive ninguém ao meu lado, tive de quebrar as pedras do caminho sozinha. Desbravei o mundo dos negócios sem um mentor. Com certeza, se tivesse tido alguém para me orientar, não teria cometido vários erros; em compensação, não teria feito uma série de iniciativas inovadoras. Talvez eu tivesse ficado presa a modelos de trabalho existentes.

O pijama é um exemplo bem legal dessa condição, porque a ideia de usá-lo como uniforme surgiu para sairmos do padrão. Com o seu uso, eu quis demonstrar às pessoas que elas não precisam seguir regras padronizadas para conseguir algo. Claro, há de se ter bom senso, boa intenção, ao subverter e quebrar padrões. A minha proposta com o pijama era de que, sim, a gente pode pensar fora da caixa, pode agir e superar as expectativas dos outros.

Quando eu trouxe o conceito do movimento da beleza sem padrão, também queria mostrar para os alunos que eles podiam pensar fora da caixa e ter sucesso com coisas diferentes. Essa ideia só se potencializou quando eu ia às aulas vestindo o meu pijama. Cada um dos dias daquele curso eu usei um modelo diferente, e todos os participantes ganharam um pijama para usar nas aulas. À primeira vista, houve um estranhamento. Ninguém estava acostumado. Se essa ideia ainda hoje em dia causa estranheza, imagine lá em 2017, quando ela era inédita.

À frente da turma, eu tinha preparado um discurso como muita clareza: "Gente, é preciso pensar fora da caixa. O sucesso ou fracasso é responsabilidade de vocês. Assumam a responsabilidade pelos seus atos e escolhas". Aquela era a mensagem principal da formação. As profissionais precisavam perceber a importância de ousar e tinham de ter consciência da autorresponsabilidade que essa decisão implicaria. Além do mais, o fato de todas nós estarmos vestindo pijamas criou um ambiente com mais igualdade. Ali, ninguém podia se sentir melhor do que o outro por estar vestindo uma roupa de grife. Aquela uniformidade no vestuário foi importante, pois diminuíamos as diferenças sociais. Acabamos com aquele história de alguns de se sentirem melhor do que outros por vestir uma roupa mais cara. O pijama virou algo mágico.

A QUEBRA DE PADRÕES É UMA FORÇA TRANSFORMADORA NOS NEGÓCIOS, CAPAZ DE IMPULSIONAR A INOVAÇÃO E A CRIATIVIDADE E DE ESTABELECER DIFERENÇAS.

Ao desafiarmos as normas estabelecidas, sociais ou empresariais, nos aventuramos a construir paradigmas. Vamos além do convencional, abrindo espaço para as oportunidades. A quebra dos padrões promove a inovação e, quando desafiamos o *statu quo*, somos incentivados a pensar de maneira não convencional e a encontrar soluções originais, únicas, a fim de explorar novos caminhos. Esse movimento resulta no desenvolvimento de produtos e serviços revolucionários, assim como na criação de processos mais eficientes e na implementação de estratégias de negócios disruptivos. O Natalia Beauty Group se destaca empresarialmente, e ganhamos a atenção dos nossos clientes exatamente porque ousamos romper com os paradigmas sociais e mercadológicos.

AO ESTIMULAR A CRIATIVIDADE, NOSSOS PROFISSIONAIS SE SENTEM MAIS ENCORAJADOS A TENTAR O NOVO. ELES SABEM QUE AS IDEIAS PODEM SER VALORIZADAS.

Mas como tudo o que é feito no mundo corporativo, a quebra de padrões está repleta de desafios, pois há muitas resistências. É preciso ter um olhar atento para como o mercado se relaciona com a incerteza que surge dessa dinâmica. Consequentemente, os riscos têm de ser acompanhados para minimizar danos, caso eles ocorram. A gente precisa ter agilidade para fazer correções de rota, porque elas serão necessárias. Mas acredite: o enfrentamento dessas questões vale a pena, pois os benefícios gerados são expressivos. Para o nosso Grupo, os ganhos chegam a ser imensuráveis e estão só começando, afinal, estamos tendo a oportunidade de nos destacar, crescer e prosperar em um ambiente empresarial dinâmico e competitivo.

VALEU MUITO A PENA SAIR DE CASA COM UM PIJAMA GOSTOSO PARA TRABALHAR.

DIVERSIDADE PROFISSIONAL

Hoje, enquanto escrevo este livro, em meados dos anos de 2023/2024, a empresa está em um processo de estruturação de setores, para usarmos realmente o potencial da marca. Estamos na fase da construção de tráfego direcionado para alcançarmos esse objetivo. Costumo dizer que explorávamos 5% do potencial de cada um dos nossos braços. Mas agora, com setores únicos, empresas formadas e direcionadas para cada uma das suas atividades, temos um potencial diferenciado.

Nossa área educacional, por exemplo, começou a década de 2020 como a maior do Brasil no setor. Tendo em vista essa condição, qualquer produto que lançamos tem um impacto significativo e a chance do seu consumo é muito grande. No fim das contas, somos a referência de qualidade do mercado. Atualmente somos um grande ecossistema de empresas com mais de quinze segmentos diferentes.

Todo mundo que está com a gente compondo a gestão tem origem em setores diferentes. Essa junção de profissionais distintos enriquece o trabalho. Nós acabamos desbravando muita coisa desconhecida e trazendo um olhar particular para esse descobrimento, o que é muito legal e potencializa o crescimento. Para mim, essa diversificação de perfil profissional é, além de lucrativa, muito saudável. Se não fosse assim, eu estaria louca. Não daria conta de responder às diferentes demandas do negócio.

TEMOS DE TER HUMILDADE E RECONHECER QUE NÃO SABEMOS TUDO.

O meu negócio tomou uma proporção gigantesca, e a minha habilidade de lidar com as necessidades dele tornou-se limitada. Não sou a pessoa do feedback, do follow-up semanal. Eu sou a criativa. Minha história é imaginar cenários, criar projetos, desenvolver metodologias. Eu sou o rosto da marca. Por isso, a formação de um time robusto de profissionais experientes tem sido fundamental. O Grupo só cresce, e esse crescimento precisa ser acompanhado de um olhar estratégico, do estabelecimento de análise de riscos. Isso fortalece a marca, nos torna melhores e mais eficientes. E eu me sinto mais segura com a estrutura que a empresa conquista.

Essa segurança me capacita a alçar novos voos. Eu mesma penso muito em abrir franquias pelo Brasil. Mas, se isso ocorrer, será a partir de um modelo nosso de expansão. Vamos estabelecer regras particulares para o negócio rodar. Não vamos seguir a prática do mercado. Minha grande preocupação é a manutenção da qualidade do serviço, que precisa seguir o meu padrão independentemente de onde for oferecido. Para isso acontecer, vamos investir muito em capacitação e aceleração da aprendizagem.

Todas as vezes que falo sobre esse assunto em minhas redes sociais, o retorno das pessoas é enorme. Há uma demanda reprimida. Por isso, esse passo será dado com muita cautela. Não quero queimar a marca. Não quero me atropelar. Se cometermos um erro grave, o impacto pode ser altíssimo. Implementar uma ideia errada pesa para todo mundo, no fim das contas. Até porque, quando um cliente vê que aconteceu algo que não era o esperado, a crítica negativa é imediata. Comentários dessa natureza ganham força e podem se tornar incontroláveis. Tem muita gente que espera um deslize seu para se aproveitar do momento e desmerecer o seu serviço.

O mercado é competitivo, mas eu não sou da política de brigar com concorrente. Gosto de ter clareza onde eles se situam e como estão para ter a perspectiva do que fazer e para olhar adiante, para as minhas ações. Do contrário, a gente se perde. Eu não vou desistir de entregar o que me propuser nesse projeto, afinal, tenho muito clara a importância de ter uma marca que transmita confiança. Continuaremos perpetuando tudo isso que construímos.

O mercado da beleza tem muita força e só cresce. As possibilidades de faturamento nessa área são enormes e há espaço para várias iniciativas.

É preciso se antecipar, realizar pesquisas, identificar a "dor" atual das pessoas e o que essa "dor" vai se tornar daqui a alguns anos. Dentro disso, deve-se questionar: "Como eu crio ferramentas, serviços e produtos para amenizar essa 'dor'?". Esse exercício de antecipação tem de ser feito pelas empresas, independentemente do ramo de atuação.

Nesse sentido, as empresas precisam se tornar mais conectivas. Elas têm de se conectar ao cliente de modo direto, ou não vão sobreviver às tendências. A conexão humana como um elemento dos negócios será gigantesca. As pessoas querem ter mais contato entre si, e o entendimento dessa necessidade acaba se transformando na consciência da marca.

Há uma demanda pela presença do outro nesse mundo tomado pelas relações virtuais. A tecnologia é essencial para a nossa evolução, mas quando vivemos presos a ela, nos esquecemos das relações presenciais. Esse comportamento gera uma carência. É como se sentíssemos a falta do toque do outro, da proximidade da pele, do olhar... – aliás, se tem olhar, tem o meu trabalho trazendo mais harmonia e beleza para esse encontro.

A VIDA, EM SUA ESSÊNCIA, É UMA AVENTURA EMOCIONANTE. AO ABRAÇAR CADA MOMENTO COM O CORAÇÃO REPLETO DE GRATIDÃO, NOS TORNAMOS ÍMÃS DE EXPERIÊNCIAS POSITIVAS. ESSA ATITUDE DE APREÇO TRANSFORMA O ORDINÁRIO EM EXTRAORDINÁRIO, ATRAINDO PARA A JORNADA UMA ENXURRADA DE ACONTECIMENTOS MARAVILHOSOS QUE ENRIQUECEM A ALMA E ILUMINAM O CAMINHO.

@NATALIABEAUTY

14.
A VIDA É UMA AVENTURA EMOCIONANTE

*Lembre-se: o nosso maior superpoder
é ser humano.*

Uma vez, em uma das minhas participações em um podcast, o apresentador me perguntou: "Se você pudesse trazer alguém de volta, alguém que já se foi, mas com quem você gostaria de conversar por cinco minutos, quem seria essa pessoa?". "Gibran Khalil Gibran, autor de um dos livros mais lidos em todos os tempos, *Profeta*", foi a minha resposta.

Nascido no Líbano, no final do século xix, Gibran morreu em 1931, nos Estados Unidos. Apesar de ter tido uma vida curta (48 anos), ele teve uma produção literária significativa e de impacto social, que foi marcada pelo misticismo oriental. Seus textos, simples e lindos, nos fazem refletir sobre o amor, o ódio, o sucesso e a vida. Ele me fez entender que para amar, a gente precisa conhecer o ódio. Que os dias coloridos só existem porque existem os dias cinzentos. Ele ampliou a minha reflexão sobre a vida e me fez compreender o cotidiano de outra maneira. Para mim, o seu livro *Profeta* é uma poderosa fonte de inspiração.

É exatamente o pensamento de Gibran sobre a importância de percebermos o que nos cerca na vida que escolhi para finalizar este livro. A sua mensagem sobre o amor, sobre o significado de nos relacionarmos com o outro, é a mensagem que eu também quero deixar com você que me leu até aqui, que disponibilizou o seu tempo para saber um pouco mais sobre a minha história.

SINTA A GRATIDÃO

Eu ainda sou muito nova. Ao finalizar o projeto desta publicação, estou a caminho de completar 36 anos. Tenho uma longa estrada a percorrer e muitas histórias para serem vividas. Por isso, quando pensei em escrever sobre a minha vida, eu não tive a intenção de fazer um texto definitivo. Eu sei que as coisas estão mudando para mim, e que bom que essas mudanças continuam a acontecer, porque elas vão comprovar o óbvio: que estou atuante na vida, em busca de melhorar quem eu sou, em busca de novas realizações e descobertas.

Por vinte e oito anos, eu vivi de uma maneira muita nociva. Não acreditava no amor, estava cercada de conflitos, traí o meu marido, fiquei endividada, amigos se afastaram, me vi sozinha para criar a minha filha mais velha em seus primeiros anos de vida. Não foi fácil. Um pouco de todos esses acontecimentos eu relatei aqui e o fiz porque entendo que essas situações são transitórias, sei que falar sobre elas nos ajuda a superá-las. É como se a gente fosse capaz de eliminar algo de muito ruim que nos acompanha.

Todos nós vivemos situações ruins na vida. Todos nós passamos por momentos difíceis em que acreditamos não existir saída, mas a resolução das questões, sejam elas quais forem, está em nossas mãos. É nossa responsabilidade modificar as situações que nos incomodam. E para que a mudança realmente ocorra, precisamos mudar o jeito de pensar e agir.

O ano de 2017, como falei em alguns dos capítulos anteriores, foi o momento em que a mudança do meu mindset tornou-se real. Desde então, tenho construído o meu novo eu. Essa construção não acontece da noite para o dia. Leva tempo, dá trabalho, exige perseverança e foco e, acima de tudo, pede atitude para acordar todas as manhãs, sair da cama acreditando em si e que o dia que será vivido vai ser um período de conquistas e realizações. Ao final desse ciclo de vinte e quatro horas, ser grato ao que passou é o que dá sentido aos acontecimentos e potencializa as vivências.

Em minha vida, o meu estado de gratidão aos acontecimentos só me traz coisas boas. Eu nunca fico olhando para aquilo que já se foi. Entendo que quem se mantém preso ao passado dificulta o seu progresso, atrasa o seu aprendizado e sua evolução. É preciso olhar para o presente e para o que está por vir. Essa atitude nos abre perspectiva e nos dá esperança. Eu insisto com esse pensamento, porque a minha vida só se tornou maravilhosa quando me livrei das minhas culpas. Ao imaginar e criar uma vida maravilhosa, com base na pessoa maravilhosa que sou, tudo começou a fluir.

QUEM SE CULPA O TEMPO TODO ACREDITA NÃO SER MERECEDOR DE UMA VIDA INCRÍVEL.

Ao me desapegar dos meus erros e me perdoar, compreendi que eles não me definiam, como alguns tentavam fazer parecer. Muitas vezes, os outros procuram diminuir as pessoas com quem se relacionam, ainda mais as mulheres. Diariamente, enfrentamos esse comportamento de desvalidação de quem somos.

Se você que está me lendo agora for uma mulher, lembre-se: você tem uma força imensa dentro de si, então conecte-se a ela. Ela está à sua disposição e tem o poder de resgatá-la, de tirar você de situações perigosas ou tóxicas. Nunca se esqueça de que você é maravilhosa e sensacional. Não se permita duvidar de si se alguém falar o contrário ou tentar inferiorizá-la. Você pode conquistar tudo o que deseja e não precisa depender de ninguém para ajudá-la nessa conquista. Apodere-se do protagonismo da sua vida e aconteça. Brilhe muito.

A MULHER PODE O QUE ELA QUISER. ELA PODE TUDO, É SÓ QUERER COM VONTADE, VERDADE E AMOR NO CORAÇÃO.

Brilhar não diz respeito somente a nós, mas a iluminar os outros. A questão não é o quanto eu brilho, é o quanto eu faço as outras pessoas brilharem. Uma luz acesa pode ser apagada o tempo todo, mas, ao acender várias luzes, elas iluminam tudo ao redor, nos fazendo brilhar mesmo nos momentos mais escuros.

Em minhas redes sociais, eu costumo falar que não sou o personagem central daquela relação. Na verdade, sou o reflexo das pessoas que me acompanham. Se elas não estiverem bem e felizes, eu não vou estar bem e feliz, porque não sou eu quem tem de estar feliz para os outros estarem felizes. É exatamente o contrário. Quem me acompanha precisa estar confortável e contente para eu refletir esse estado de espírito. Esse pensamento está por trás de outro conceito fundamental em minha vida, que também apresentei aqui: curando o outro a gente se cura. Quando o meu trabalho resgata alguém, quando ele serve de referência e influência para uma atitude positiva, eu estou me resgatando, eu estou me influenciando positivamente.

Por conta das minhas conquistas, às vezes algumas pessoas acham que eu sou uma super-heroína, que eu não tenho dores ou fragilidades, que eu não choro nem me frusto. Quando esses pensamentos me são direcionados, sinto que as pessoas depositam uma expectativa enorme em mim e, quando eu não dou conta de preencher essa expectativa, sou extremamente criticada. É como se elas me fuzilassem com olhos e palavras. No fundo, sinto que a mensagem que elas me mandam é a de que eu não posso errar. É como se eu não tivesse o direito de fraquejar.

Mas eu sou humana tanto quanto qualquer um. Portanto, também erro, me arrependo e posso desistir. Por eu ser uma pessoa controladora, levei muito tempo para aceitar as minhas fraquezas. Hoje, abraço com mais tranquilidade as minhas limitações. A vida me ensinou os ganhos desse comportamento, e uma vez que tomei a consciência da possibilidade de me relacionar bem com os meus limites, sinto ter entrado em um estado de aceitação irreversível.

ABRACE A VIDA

A partir do momento que você tiver consciência de qualquer coisa na vida, é como se você atravessasse um portal. Você sai da ignorância e passa a conhecer algo, até então, desconhecido. Quando isso acontece, não dá mais para voltar atrás, para se dizer desinformado ou sem responsabilidade.

Hoje, eu entendo que quando alguém me fala algo, esse pensamento, essa opinião, é só da pessoa. É o ponto de vista dela. Não tem a ver comigo. Essa observação diz respeito às limitações da compreensão e da vivência dela. A gente só reconhece no outro o que temos na gente, o que já foi experimentado por nós. Por isso, quando as críticas são feitas, quem as faz está falando dela. Antigamente, eu não tinha esse entendimento e me sentia mais vulnerável. Mas a maturidade me deu esse discernimento e me fortaleceu.

Muita gente, ao ser criticada, desiste dos seus projetos, adia a realização dos seus sonhos, por medo de ser rejeitado, de não ser compreendido. Quando isso ocorre, não estamos sendo protagonistas da nossa vida. Na verdade, estamos deixando os outros comandarem as nossas decisões. É fundamental saber quem somos, porque a crítica não nos define.

Eu, por exemplo, adoro um desafio, porque sou determinada, e essa minha característica pode ser facilmente confundida com autossuficiência ou arrogância. Se eu me deixasse levar por uma crítica nesse sentido, colocaria em xeque a minha determinação, e isso poderia me atrapalhar ao longo do caminho. É nesse sentido, para que a gente não se perca de nós mesmos, que precisamos saber quem somos e nos orgulharmos disso. Eu me orgulho muito de mim e me vejo como a minha inspiração.

Temos a mania de buscar no outro alguma inspiração quando, na verdade, tudo que a gente precisa está dentro de nós. Quando estou passando por uma fase difícil, quem me inspira é a Natalia Martins que, mesmo com todas as dificuldades que já viveu, nunca desistiu e fez acontecer. De verdade, eu me inspiro em minha trajetória não como uma soberba, mas como uma referência de mulher guerreira, dinâmica, resiliente. As pessoas têm essa força dentro delas, mas muitas não conseguem acessá-la porque estão desconectadas consigo.

Nunca se esqueça de que o nosso maior superpoder é ser humano. Quando a gente se coloca como ser humano, mobilizamos e engajamos milhões de pessoas. Ainda temos muito por fazer e conquistar. Vamos seguir juntas nessa aventura emocionante que é viver.

ABRACE A VIDA, RECONHEÇA O SEU PODER E SE LANCE NO MUNDO PARA CONQUISTAR OS SEUS SONHOS.

À MEDIDA EM QUE AS PÁGINAS DESTE LIVRO SE ENCERRAM, UMA NOVA JORNADA SE INICIA. Uma jornada rumo ao autoconhecimento, à transformação e ao crescimento ilimitado. Que cada palavra lida aqui ressoe como um chamado para despertar a sua verdade mais profunda, para abraçar a beleza da vida com todas as suas nuances e complexidades.

Nunca se esqueça de que você é responsável pela própria realidade, que é capaz de moldar o mundo ao seu redor com a força de seus sonhos e ações. Não subestime o poder de um pequeno passo, pois é ao longo da caminhada que grandes distâncias são percorridas e que montanhas são escaladas.

Esteja aberto às surpresas da vida, acolhendo cada desafio como uma oportunidade de aprendizado e cada alegria como um presente a ser celebrado. Em sua essência mais pura, a vida é uma tapeçaria tecida com fios de experiências diversas, todos contribuindo para o esplendor conjunto.

Permita-se ser vulnerável, pois é na vulnerabilidade que encontramos nossa força mais autêntica. Não tenha medo de mostrar quem é, pois é sua singularidade que torna você verdadeiramente especial. Compartilhe sua história, suas lutas e vitórias, pois é no compartilhamento que encontramos conexão, inspiração e comunidade.

Enfrente cada dia com coragem, determinação e um coração cheio de esperança. Acredite na magia que reside dentro de você e no poder transformador dos seus sonhos. Sua jornada é única e inestimável, e o mundo espera ansiosamente pela sua contribuição única.

Que este livro seja um farol em sua jornada, um lembrete constante de que, dentro de você, reside um universo inteiro de possibilidades. Vá em frente, com confiança e otimismo, sabendo que cada passo deixa você mais perto de uma vida repleta de significado, alegria e realização.

Lembre-se: sua história está apenas começando. O perfeito atrai, mas apenas o imperfeito conecta.

Este livro foi impresso pela **Edições Loyola**
em **papel lux cream** 70 g/m² em **maio** de 2024.